# INHALT

# Vorwort

## WILLKOMMEN

Sie möchten in kleinen, unterhaltsamen Portionen erste Kenntnisse in Türkisch erlangen? Der PONS Minikurs führt Sie schnell und sicher in die Sprache ein und vermittelt Ihnen ein lebendiges Bild des heutigen Türkisch. Zusätzlich erfahren Sie viel Nützliches und Interessantes rund zu Land, Leuten und Kultur.

## WIE LERNEN SIE MIT DEM MINIKURS?

In 24 Lektionen werden alle wichtigen Themen rund um Urlaub und Alltag auf jeweils vier Seiten behandelt.

Im Anhang des Buches finden Sie

- die **Grammatik**: Alle im Kurs behandelten Grammatikthemen werden hier anschaulich erklärt.

- den **Lektionswortschatz**: Hier können Sie den thematischen Wortschatz lektionsweise mitlernen.

Folgende Symbole helfen Ihnen, schnell vom Übungsteil zur passenden Stelle im Anhang oder zur Mini-CD zu gelangen:

 verweist auf ein Grammatikthema.

 verweist auf die zugehörige MP3-Datei auf der CD.

 verweist auf interkulturelle Tipps.

Alle MP3-Dateien können Sie hier direkt herunterladen: www.pons.de/mini-sprachkurse.

Noch ein Tipp: Lernen Sie häufig und in kurzen Etappen; lieber täglich fünfzehn Minuten als nur einmal pro Woche zwei Stunden. Viel Spaß und Erfolg!

# Aussprache

Das Türkische wird genauso gesprochen, wie man es schreibt.
Sie müssen also nur einmal lernen, wie man die einzelnen
Laute ausspricht – Ausnahmen gibt es so gut wie keine! Die
meisten Buchstaben repräsentieren dieselben Laute wie im
Deutschen. Manche Buchstaben haben einen anderen Laut-
wert. Diese sind auf der nächsten Seite näher beschrieben.

| a | a | m | me |
|---|---|---|---|
| b | be | n | ne |
| c | ce | o | o |
| ç | çe | ö | ö |
| d | de | p | pe |
| e | e | r | re |
| f | fe | s | se |
| g | ge | ş | şe |
| ğ | yumuşak ge | t | te |
| h | he | u | u |
| ı | ı | ü | ü |
| i | i | v | ve |
| j | je | y | ye |
| k | ke | z | ze |
| l | le | | |

Die folgenden Buchstaben sind im deutschen Alphabet nicht vorhanden bzw. werden anders ausgesprochen:

→ 🔊 2

| c | cami | **dsch** wie in *Dschungel, Job* |
|---|---|---|
| ç | çay | **tsch** wie in *Kutsche* |
| ğ | sağ | wie dtsch. **Dehnungs-h**; wird nicht gesprochen, dehnt den vorangehenden Vokal (sağ → „sah") |
| h | hava, Ahmet | am **Wortanfang** wie im deutschen *husten*; am **Silben-ende** wie ein schwaches *ch* in *lachen* |
| ı | ışık | ähnlich dem dumpfen unbetonten *e* in *kommen* |
| j | jandarma | **stimmhaftes sch**, wie *Journalist* |
| r | rüya, kar | wird immer leicht gerollt |
| s | su | immer **stimmloses s** wie in *Wasser* |
| ş | şeker | **sch** wie in *schlafen* |
| v | evet | wie deutsches **w** |
| y | yemek | wie *j* in *Ja* |
| z | zaman | wie **stimmhaftes s** in *summen* |

→ 🔊 3

Bei einigen Fremdwörtern wird ein **Zirkumflex** verwendet. Er zeigt an, dass der vorangehende Konsonant **g**, **k** oder **l** hell ausgesprochen wird: **kâ** gıt ↔ **ka**lem, **lâ**zım ↔ bak**la**va. Er kann auch verwendet werden, um zwei sonst gleich geschriebene Wörter voneinander zu unterscheiden. Der Zirkumflex zeigt an, dass der Vokal lang gesprochen wird:
**â**det ↔ **a**det.

 → 4

Hier sehen Sie die im Türkischen am häufigsten gebrauchten Formen um sich zu begrüßen und zu verabschieden.

| | |
|---|---|
| **Merhaba** | *Hallo* |
| **Günaydın** | *Guten Morgen* |
| **İyi günler** | *Guten Tag* |
| **İyi akşamlar** | *Guten Abend* |
| **İyi geceler** | *Gute Nacht* |

**İyi günler/akşamlar/geceler** wird dabei sowohl zur Begrüßung als auch zur Verabschiedung verwendet.
Ebenso **Selâm** (*Grüß' dich / Tschüss*), das man unter Freunden verwendet.
Unter Freunden sagt man zur Verabschiedung auch einfach **Görüşürüz** (*Man sieht sich / Wir sehen uns*).

 → 5

Bei manchen türkischen Verabschiedungsformen müssen darauf achten, ob Sie derjenige sind, der geht oder bleibt.

Der Gehende sagt    Der Bleibende sagt

**Hoşça kal (Sg.)/kalın (Pl.)**
⎫
*(Mach's/macht's gut)*
⎬  **Güle güle** (*Geh lachend*)
oder
⎭
**Allahaısmarladık**

# Guten Tag und Auf Wiedersehen!

Das Türkische kennt viele Floskeln. So ist die Antwort auf den Willkommensgruß **Hoş geldin!** (Sg.)/**Hoş geldiniz!** (Pl.) stets **Hoş bulduk!** Wenn Ihnen jemand vorgestellt wird, sagen Sie **Memnun oldum!** *Sehr erfreut!* Das Gegenüber erwidert daraufhin **Ben de (memnun oldum)!** *Ich (bin) auch (sehr erfreut)!*

**3**

Bei diesen Begrüßungen und Verabschiedungen fehlt ein Teil. Ergänzen Sie die Lücke.

**1.** Melda: Hoşca kal! – Nurten: _____ !

**2.** Barış: _____ ! – Sema: Hoş bulduk!

**4** → § 1

Schauen Sie sich das türkische Alphabet an.

**Aa Bb Cc Çç Dd Ee Ff Gg Ğğ Hh Iı İi Jj Kk Ll Mm Nn Oo Öö Pp Rr Ss Şş Tt Uu Üü Vv Yy Zz**

Welche Buchstaben fehlen im Vergleich zum deutschen Alphabet?

**1.** _____

Und welche Buchstaben gibt es im deutschen Alphabet nicht?

**2.** _____

**5**

Das **ğ** (**yumuşak ge** = *weiches g*) wird nicht gesprochen. Es dehnt lediglich den vorherigen Buchstaben. Aus diesem Grund steht es auch niemals am Wortanfang! So enden z.B. viele Nachnamen im Türkischen auf **oğlu**, was „*Sohn des*" bedeutet und wie *ohlu* ausgesprochen wird.

**6**

Türkisch ist eine Klangsprache, seine grammatischen Strukturen orientieren sich an der Harmonie von Vokalen und Konsonanten.
In fast allen echttürkischen Wörtern kommen entweder **nur helle** oder **nur dunkle** Vokale vor. Diese Erscheinung nennt man **Vokalharmonie**.

Ergänzen Sie die hellen Vokale:

> dunkle Vokale: **a ı o u**
>
> helle Vokale: __ __ __ __

**7** → § 2, 3

Der Plural wird im Türkischen durch das Suffix **-ler/-lar** gebildet. Ob **-ler** oder **-lar** eingesetzt werden muss, hängt von der **kleinen Vokalharmonie (kV)** ab: Substantive, deren letzter Vokal **hell** ist, erhalten die Endung **-ler**. Ist der letzte Vokal **dunkel**, so wird **-lar** angehängt.
Sehen Sie die Bilder an und bilden Sie den Plural zu den Substantiven.

**1.** limon – limon_____

**2.** kedi – kedi_____

**3.** patlıcan – patlıcan _____

**4.** ekmek – ekmek _____

**8** → **§** 3, 18

Einen bestimmten Artikel oder Geschlecht gibt es im Türkischen nicht! Stattdessen kann man die Demonstrativpronomina **bu** (Sg.)/ **bunlar** (Pl.) *(das; dieser/diese/dieses)* und **o** (Sg.)/**onlar** (Pl.) *(er/sie/es;jener/jene/jenes)* verwenden.

**Bu inek** *die/diese Kuh* **bu inekler** *die/diese Kühe*

**Bu/o** werden auch prädikativ eingesetzt und bedeuten dann *Das ist /sind …* Je nach Kontext kann das Substantiv sowohl den Singular als auch den Plural ausdrücken. Die Pluralendung des Substantivs ist nicht immer nötig.

**Bu inek** *Das ist eine Kuh* → **bunlar inek(ler)** *Das sind Kühe*

····· **1** →  6

Heute beginnt Sandras Sprachkurs in Istanbul. Die Lehrerin
Ayşe begrüßt ihre Schülerin und stellt sich vor.

> Merhaba! Hoş geldiniz!
> Benim adım Ayşe.
> Senin adın ne?

**1.** Wie stellt sich Ayşe vor?

_____

**2.** Wie fragt Ayşe nach Sandras Namen?

_____

**3.** Was antwortet Sandra?

····· **2** → § 7, 19, 20

Wenn Sie Menschen aus anderen Ländern begegnen, können
Sie fragen **nereden geliyorsun?** *(Woher kommst du/kommen
Sie?)*. Die Antwort darauf lautet z.B. **Almanya'dan geliyorum**
*(Ich bin/komme aus Deutschland.)*.

Die Endung **-den** bedeutet *aus* oder *von*. Sie gibt den Ursprung
einer Bewegung oder Entwicklung an und ist Kennzeichen des
**Ablativs** → §7. Wie bei allen **Endungen** mit **e** gleicht sich auch
hier die Endung nach der **kleinen Vokalharmonie** an.

Ergänzen Sie die Lücken.

**1.** Berlin'_____ geliyorum.    **2.** Roma'_____ geliyorum.

**3.** Köln'_____ geliyorum.    **4.** İstanbul'_____ geliyorum.

Achtung! Endungen werden nur dann durch einen Apostroph abgetrennt, wenn sie an einen **Eigennamen** angehängt werden.

**3** → **§** 2

Nun wird es Zeit für die Hai**Fi**SCH**P**o**STK**u**TSCH**e! Merken Sie sich dieses Wort gut, denn darin kommen alle **stimmlosen Konsonanten** des Türkischen vor: **p ç t k h ş f s**

Alle **Endungen**, die mit **d**, **c** oder **g** anlauten ändern ihren Anfangskonsonanten in **t**, **ç** oder **k**, wenn sie an ein Wort angehängt werden, das auf einen **stimmlosen Konsonanten** endet (**-den** → **Kiel'den**, aber: **Münih'ten**).

Ergänzen Sie.

**1.** Nereden geliyorsun? New York'_____ geliyorum.

**2.** Nereden geliyorsun? Tunus'_____ geliyorum.

**3.** Nereden geliyorsun? Münih'_____ geliyorum.

**4.** Nereden geliyorsun? Fas'_____ geliyorum.

**4** → § 4, 19

Mit **ne?** (Sg.)/**neler?** (Pl.) *was?* und **kim?** (Sg.)/**kimler?** (Pl.) *wer?* wird <u>nach Personen</u> und Gegenständen gefragt. Das <u>erfragte Objekt steht im</u> **Nominativ**.

**Bu ne?**
*Was ist das?*

**Bu kitap.**
*Das ist ein Buch*

**Bunlar ne?**
*Was sind das für Dinge?*

**Bunlar kitap(lar).**
*Das sind Bücher.*

**Bu kim?**
*Wer ist das?*

**O şoför.**
*Er ist Chauffeur.*

**Bunlar kimler?**
*Wer sind sie?*

**Onlar şoför(ler).**
*Sie sind Chauffeure.*

<u>Sehen Sie sich die Bilder an und schreiben Sie die passende Frage neben das Bild. Geben Sie dann die richtige Antwort im Singular oder im Plural. Verwenden Sie</u> **bu** <u>oder</u> **o**.

> **elma** *Apfel* • **diş fırçası** *Zahnbürste* • **doktor** *Arzt*

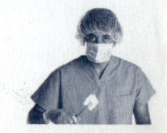

**1.** _____? **2.** _____? **3.** _____?

_____. _____. _____.

**5** → § 5, 6, 7, 19, 22

Natürlich gibt es noch mehr Fragewörter. Nach einem Ort oder einer Richtung fragen Sie mit **nerede?** *wo?* (Lokativ), **nereden** *woher?* (Ablativ) und **nereye?** *wohin?* (Dativ).
Ergänzen Sie den folgenden Text. Unbekannte Wörter finden Sie im Wortverzeichnis.

> **Almanya'da • nereden • nereye • Ingiltere'den • nerede • tan**

1. Ben Jane. _____ geliyorum. Sen _____ geliyorsun?

2. Ben Stuttgart' _____ geliyorum.

3. Stuttgart _____?

4. _____.

5. Şimdi _____ gidiyorsun?

**6** → § 17

Schauen Sie sich die türkischen Personalpronomen an.

| | | | |
|---|---|---|---|
| **ben** | *ich* | **biz** | *wir* |
| **sen** | *du* | **siz** | *ihr/Sie* |
| **o** | *er/sie/es* | **onlar** | *sie* |

**4.** Bunlar/onlar ne? Bunlar/onlar elma(lar). **2.** Bu o ne? Bu/o diş firçasi
**3.** Bu/o ne? Bu/o doktor • **5 1.** Ingiltere'den, nereden; **2.** tan; **3.** nerede;
**4.** Almanya'da; **5.** nereye

Zur türkischen Umgangsform gehört es, immer nach dem Befinden zu fragen. Dazu sagen Sie **Nasılsın?** *Wie geht es dir?* bzw. **Nasılsınız?** *Wie geht es euch/Ihnen?* Die Standardantwort lautet **İyiyim, teşekkür ederim.** *Danke, es geht mir gut.* Wie ehrlich Sie antworten, ist Ihnen überlassen.

••••• **1** → § 2, 27

Neben den Personalpronomina, die sie in der vorherigen Lektion gelernt haben, gibt es im Türkischen auch Suffixe, die ebenfalls die Person kennzeichnen. Sie ersetzen das Wort *sein*, das dem Türkischen im Präsens fehlt.

**Yorgunum**. *Ich bin müde.*

Die Endungen passen sich lautlich dem letzten Vokal im Wort an und folgen der **großen Vokalharmonie (gV)**. Endet ein Wort auf einen Vokal und beginnt die Endung ebenfalls mit einem Vokal, wird **y** als Bindekonsonant eingefügt.

Lesen Sie sich nun die Grammatikkapitel §§ 2, 27 zur großen Vokalharmonie und dem Verb *sein* aufmerksam durch.

Wie lauten die Endungen mit **i** bei folgenden Vokalen in der Vorsilbe?

| Vokal in der Vorsilbe | e/i | ö/ü | a/ı | o/u |
|---|---|---|---|---|
| Vokal in der Endsilbe | ___ | ___ | ___ | ___ |

**2**

Schauen wir uns das Wort **iyiyim** (wörtl. *Ich bin gut*) ein wenig genauer an: Es setzt sich zusammen aus dem **Adjektiv iyi** (*gut*) + **Bindekonsonant y** + der **Personalendung der 1. P. Sg.**

Gemäß den Regeln der **großen Vokalharmonie** (**i** in der **Vorsilbe → i** in der **Endsilbe**) lauten die einzelnen Personalformen:

| | |
|---|---|
| ben iyi-**y-im** | *Es geht mir gut* |
| sen iyi-**sin** | *Es geht dir gut* |
| o iyi | *Es geht ihm/ihr gut* |
| biz iyi-**y-iz** | *Es geht uns gut* |
| siz iyi-**siniz** | *Es geht euch/Ihnen gut* |
| onlar iyi-**ler** | *Es geht ihnen gut* |

**3**

Vervollständigen Sie nun auch folgende Personalformen.

| | |
|---|---|
| ben kötü_____ | *Es geht mir schlecht* |
| sen kötü_____ | *Es geht dir schlecht* |
| o kötü_____ | *Es geht ihm/ihr schlecht* |
| biz kötü_____ | *Es geht uns schlecht* |
| siz kötü_____ | *Es geht euch/Ihnen schlecht* |
| onlar kötü_____ | *Es geht ihnen schlecht* |

**4** →  7

Wie geht es diesen Personen? Setzen Sie die richtige Form ein.

> **yorgun** *(müde)* • **hasta** *(krank)*
> **mutlu** *(glücklich)* • **üzgün** *(traurig)*

„Ich bin müde"

**1.** _____

„Wir sind glücklich"

**2.** _____

"Ihr seid traurig"

**3.** _____

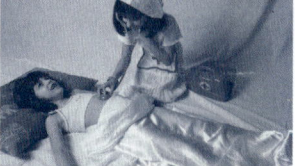

„Du bist krank"

**4.** _____

**5**

Hier noch einige weitere Adjektive, mit denen Sie das Befinden ausdrücken können.

| | |
|---|---|
| **endişeli** | *besorgt* |
| **eğlenceli** | *lustig* |
| **neşeli** | *fröhlich* |
| **mutsuz** | *unglücklich* |
| **heyecanlı** | *aufgeregt* |

Wenn Sie erfahren, dass jemand krank ist oder war oder es jemandem schlecht geht, sagen Sie **Geçmiş olsun!** Wörtlich übersetzt bedeutet das *Möge es vorübergegangen sein!*

**6**

Ergänzen Sie nun die Sätze mit dem **Adjektiv** und der **Personalendung**.

Ben çok **1** _____ (iyi) ve **2** _____ (mutlu). Anna ve

Kaan **3** _____ (kötü). Anna biraz **4** _____ (hasta) ve

Kaan çok **5** _____ (yorgun). Siz **6** _____ (nasıl)? Biz

**7** _____ (endişeli) çünkü zor bir sınavımız var.

 → § 12

**Adjektive** sind im Türkischen nicht schwierig zu verwenden, da sie **kein Geschlecht** und **keinen Plural** besitzen.

Wenn es als Attribut gebraucht wird, steht das Adjektiv **vor** dem Substantiv und bleibt immer unverändert:

| | |
|---|---|
| **büyük ev** | *das große Haus* |
| **büyük evler** | *die großen Häuser* |

Möchte man den **unbestimmten Artikel bir** *(ein/e)* verwenden, so steht dieser **zwischen** Adjektiv und Substantiv:

| | |
|---|---|
| **büyük bir ev** | *ein großes Haus* |

**Demonstrativpronomina** stehen immer **vor** dem Adjektiv:

| | |
|---|---|
| **bu büyük ev** | *dieses große Haus* |

Steht das Adjektiv **hinter** dem Substantiv, so wird es **prädikativ** gebraucht:

| | |
|---|---|
| **Ev büyük.** | *Das Haus ist groß.* |

Zur **Verneinung** wird das Verneinungswort **değil** *(nicht/kein)* verwendet. Eventuelle Endungen werden dann an **değil** angehängt.

| | |
|---|---|
| **Ev büyük değil.** | *Das Haus ist nicht groß.* |
| **Evler büyük değil(ler).** | *Die Häuser sind nicht groß.* |

# Menschen und Gegenstände beschreiben

**2** → ⚙ 8

Hier sind einige wichtige und hilfreiche Adjektive.

| | | | |
|---|---|---|---|
| **büyük** | *groß* | **yeni** | *neu* |
| **küçük** | *klein* | **bozuk** | *kaputt* |
| **genç** | *jung* | **güzel** | *schön* |
| **yaşlı** | *alt* | **çirkin** | *hässlich* |

**3**

Sehen Sie sich die Bilder an und kreuzen Sie die richtige Aussage an.

 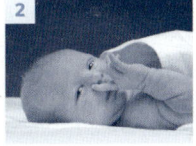 

**1.** ☐ **A.** Fil büyük değil. Fil küçük.
   ☐ **B.** Fil küçük değil. Fil büyük.

**2.** ☐ **A.** Küçük bir bebek.
   ☐ **B.** Yaşlı bir bebek.

**3.** ☐ **A.** Bu araba bozuk değil, araba yeni.
   ☐ **B.** Bu araba yeni değil, araba bozuk.

→   19

Im Türkischen ist die Wortstellung in Aussage- und Fragesätzen dieselbe. Fragesätze unterscheiden sich nur durch das Fragewort.

Für Entscheidungsfragen, die mit **evet** *ja* oder **hayır** *nein* beantwortet werden, wird im Türkischen die **Fragepartikel mi** verwendet.

> Die Fragepartikel **mi** variiert ebenso wie eine Endung nach der **großen Vokalharmonie!**

Sie wird immer **nachgestellt** und vom vorangehenden Wort getrennt geschrieben:

| | |
|---|---|
| **Çiçek güzel mi?** | *Ist die Blume schön?* |
| **Evet, güzel.** | *Ja, sie ist schön.* |
| | |
| **Ev büyük mü?** | *Ist das Haus groß?* |
| **Hayır, büyük değil.** | *Nein, es ist nicht groß.* |
| | |
| **Bu bir kitap mı?** | *Ist das ein Buch?* |
| **Hayır bu bir kitap değil, bu bir kaset.** | *Nein, das ist kein Buch, das ist eine Kassette.* |

**Bu araba yeni mi? – Evet/hayır ...**
Sehen Sie sich die Bilder und die Fragen und Antworten dazu an. Fügen Sie die Fragepartikeln ein und schreiben Sie die passende Antwort dazu. Schlagen Sie unbekannte Wörter im Wortverzeichnis nach

## Menschen und Gegenstände beschreiben

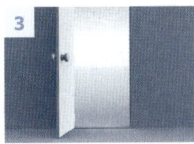

**1.** Bu araba yeni ____? Evet, _____.

**2.** Bu adam uzun ____ ? Hayır, _____.

**3.** Kapı kapalı ____ ? Hayır, _____.

**6**

Sie haben die <u>Fragepartikel</u> **mi**, die <u>Verwendung von Adjek-tiven</u> und deren <u>Verneinung</u> sowie die <u>Personalendungen</u> <u>kennengelernt</u>. Nun wird alles kombiniert!

**1.** Ben çirkin miyim?      *Bin ich hässlich?*
Hayır, sen çirkin değilsin.      *Nein, du bist nicht hässlich.*

**2.** Sen hasta _____?      *Bist du krank?*
Hayır, _____      *Nein, ich bin nicht krank.*

**3.** Siz evli_____?      *Seid ihr verheiratet?*
Hayır, _____      *Nein, wir sind nicht verheiratet.*

**4.** Onlar mutlu_____?      *Sind sie glücklich?*
Evet, _____      *Ja, sie sind glücklich.*

→   28

**Nerelisiniz?** *Woher stammen Sie?*

Das Suffix **-li** gibt die Herkunft an, wie etwa **Münihli** – Münchener (wörtl. *aus München stammend*). Bei Herkunftsbezeichnungen, die Städte betreffen, wird immer **-li** verwendet, bei Nationalitätsbezeichnungen, gibt es einige Ausnahmen:

Auch das Suffix **-li** variiert nach der **großen Vokalharmonie!**

| Land | Einwohner | Sprache |
|------|-----------|---------|
| Almanya | Alman | Almanca |
| Fransa | Fransız | Fransızca |
| İspanya | İspanyol | İspanyolca |
| İtalya | İtalyan | İtalyanca |
| Türkiye | Türk | Türkçe |
| İngiltere | İngiliz | İngilizce |
| Çin | Çinli | Çince |
| İsviçre | İsviçreli | |
| Amerika | Amerikalı | |
| Avusturya | Avusturyalı | |

So können Sie ausdrücken können, woher Sie kommen:

**Nereden geliyorsun?** *Woher kommst du?*
**Ben Almanya'dan geliyorum.** *Ich komme aus Deutschland.*

Und so können Sie sagen und fragen, woher jemand stammt bzw. welche Nationalität er hat. Alles was Sie dafür brauchen, ist das Fragewort **nereli + die passende Personalendung**.

| | |
|---|---|
| **Nereliyim?** | *Woher stamme ich?* |
| **Nerelisin?** | *Woher stammst du?* |
| **Nereli?** | *Woher stammt er/sie/es?* |
| **Nereliyiz?** | *Woher stammen wir?* |
| **Nerelisiniz?** | *Woher stammt ihr/stammen Sie?* |
| **Nereliler?** | *Woher stammen sie?* |

Und wie antworten Sie? Im Türkischen gibt es kein Verb *sein*, daher verwenden die Sie immer die Personalendungen **-(y)im**, **-sin**, …
Also: Nationalität + passende **Personalendung**:

| | |
|---|---|
| **Almanım.** | *Ich bin Deutsche/r.* |
| **Almansın.** | *Du bist Deutsche/r.* |
| **Alman.** | *Er/sie/es ist Deutsche/r.* |
| **Almanız.** | *Wir sind Deutsche.* |
| **Almansınız.** | *Ihr seid/Sie sind Deutsche/r.* |
| **Almanlar.** | *Sie sind Deutsche.* |

Die Fragepartikel **mi** können Sie nicht nur an ein Adjektiv anhängen, sondern auch an eine Nationalitätsbezeichnung. Wenn Sie nun noch die passende **Personalendung** hinzufügen, können Sie ganz gezielt nach der Herkunft fragen:

| | |
|---|---|
| **Alman m<u>ı</u>sın?** | *Bist du Deutsche/r?* |

Die Antwort darauf ist wieder ganz einfach! Sie fügen die passende **Personalendung** an die Nationalität hinzu

| | |
|---|---|
| **Evet, Alman**ım. | *Ja, ich bin Deutsche/r.* |
| **Hayır, Alman değil**im. | *Nein, ich bin nicht Deutsche/r.* |

Nun können Sie problemlos Sätze wie in diesem Beispiel bilden:

**Alman – sen? • İtalyan – ben**
**→ Sen Alman mısın? – Hayır, Alman değilim, İtalyanım.**

**1.** Türk – sen? • Fransız – ben

_____

**2.** Çin – onlar? • Amerikalı– onlar

_____

**3.** İspanyol – siz? • Avusturyalı – biz

_____

**4.** İngiliz – Enzo? • İtalyan – o

_____

**5**

Kreuzen Sie die richtige Antwort an.

**1.** Jason spricht Englisch.

- **A** Jason İngilizce konuşuyor.
- **B** Jason İngiltere'den geliyor.

**2.** Sprecht ihr Deutsch?

- **A** Siz Alman mısınız?
- **B** Siz Almanca konuşuyor musunuz?

**3.** Chinesisch ist sehr schwierig.

- **A** Çince çok zor bir dil.
- **B** Çinli çok zor.

Im Türkischen sagt man **„Bir dil bir insan"**- *Eine Sprache - ein Mensch*. Eine Sprache können Sie **konuşmak** *sprechen* oder **bilmek** *beherrschen*. **Konuşmak** bezieht sich dabei eher auf die auf die situative Anwendung, **bilmek** hingegen auf das Wissen um diese Sprache. Bald werden auch Sie sagen können **„Türkçe biliyorum!"** *„Ich kann Türkisch!"*

**LÖSUNG**

**4 1.** Sen Türk müsün? Hayır, Türk değilim, Fransızım; **2.** Onlar Çinli mi? Hayır, Çinli değiller, Amerikalılar **3.** Siz İspanyol musunuz? Hayır, İspanyol değiliz, Avusturyalıyız; **4.** Enzo İngiliz mi? Hayır, İngiliz değil, İtalyan • **5** 1A, 2B, 3A.

 → § 5, 6, 7

Im Türkischen gibt es sechs Fälle.
Zu Nominativ, Akkusativ, Genitiv und Dativ
kommen noch **Ablativ** und **Lokativ** hinzu.
Die Fälle werden mit Endungen
gebildet, die an die Wortstämme angehängt
werden.

> Die Endungen folgen der **kleinen Vokalharmonie!**

Der **Ablativ** gibt den **Ausgangspunkt einer Bewegung** an:

| | |
|---|---|
| **Ner**e**den** geliyorsun? | *Woher kommst du?* |
| **Kim**d**en** geliyorsun? | *Von wem kommst du?* |
| **Hans'tan** geliyorum. | *Ich komme von Hans.* |

Der **Lokativ** wird zur **Ortsangabe** verwendet:

| | |
|---|---|
| **Stuttgart ner**e**de?** | *Wo ist Stuttgart?* |
| **Ines kim**d**e?** | *Bei wem ist Ines?* |
| **Ines Hans'ta.** | *Ines ist bei Hans.* |

Achtung! Denken Sie bei den Endungen des Ablativs und des
Lokativs an die HaiFiSCHPoSTKuTSCHe!

Schauen Sie sich jetzt den **Dativ** an. Er ist u. a. der **Richtungsfall** für **das Ziel einer Bewegung**. Er wird durch die Endung
**-e(-ye)/-a(-ya)** gebildet:

**Nere**y**e gidiyorsun?** *Wohin gehst du?*
**Kim**e **gidiyorsun?** *Zu wem gehst du?*
**Hans'**a **gidiyorum.** *Ich gehe zu Hans.*

Achtung! Treffen zwei Vokale aufeinander muss der Bindekonsonant **–y** eingeschoben werden.

**2**

**Wohin** soll es gehen?
Ergänzen Sie die Richtungsangabe im Dativ.

**1.** okul _____   **2.** ev _____   **3.** Leyla _____   **4.** market _____

**5.** restoran _____   **6.** cafe _____   **7.** Türkiye _____   **8.** otobüs _____

**3**

Und nun alle zusammen. Setzen Sie das passende Fragewort ein.

**1.** _____ gidiyorsun?   Helen'e.

**2.** _____ geliyorsun?   Evden.

**3.** Helen _____?   Ofiste.

**4.** Max _____?   Thomas'ta.

**5.** _____ geliyorsun?   Helen'den.

**LÖSUNG**
**2** 1. a; 2. e; 3. 'ya; 4. e; 5. a; 6. ye; 7. ye; 8. e • **3** 1. Kime; 2. Nereden;
3. nerede; 4. kimde; 5. Kimden

**4** → 🔍 9

Anna erzählt, was sie und ihre Freunde jeden Tag machen. Lesen Sie den Text und lernen Sie die **yor-Gegenwart** kennen. Machen Sie sich zunächst im Lektionswortschatz mit den neuen Wörtern bekannt!

> Ben her gün okula **1** <u>gidiyorum</u> (gitmek) ve Türkçe **2** <u>öğreniyorum</u> (öğrenmek). Evden okula **3** <u>yürüyorum</u> (yürümek). Kurstan sonra ben ve Chris lokantya **4** <u>gidiyoruz</u> (gitmek), yemek **5** <u>yiyiyoruz</u> (yemek) ve ödev **6** <u>yapıyoruz</u> (yapmak). Sonra Pınar'la **7** <u>buluşuyorum</u> (buluşmak). Pınar ve Ahmet Taksim'de bir ofiste **8** <u>çalışıyorlar</u> (çalışmak). Çay **9** <u>içiyoruz</u> (içmek) ve **10** <u>konuşuyoruz</u> (konuşmak). Her akşam ben güzel bir yemek **11** <u>pişiriyorum</u> (pişirmek) ve televizyon **12** <u>seyrediyorum</u> (seyretmek).

**1.** Streichen Sie das Subjekt zu jedem Verb an.

**2.** Was fällt Ihnen bei den Verbformen 1, 4, und 12 im Vergleich zum Infinitiv auf? _____

**5** → § 22

Die Grundform des türkischen Verbs besteht aus dem **Verbstamm** und der Endung **-mek/-mak** (kV).

**gel** - **mek** *kommen*        **çalış** – **mak** *arbeiten*

Zur Bildung der Zeiten benötigt man immer den Verbstamm, an den die jeweiligen Zeit- und Personalendungen angefügt werden.

Die **yor-Gegenwart** wird wie folgt gebildet:

**1. Verbstamm endet auf einen Konsonanten:**

Verbstamm + **-iyor/-üyor/-ıyor/-uyor** (gV)
+ Personalendung
ge**l** – mek → gel + **iyor** + um          *ich komme*

**2. Verbstamm endet auf einen der Vokale i, ü, ı, u:**

Verbstamm + **-yor** + Personalendung
ok**u** - mak → oku + **yor** + um          *ich lese*

**3. Verbstamm endet auf den Vokal a oder e:**

Vokal des Verbstammes entfällt, es gelten die Regeln
nach (1.)
Verbstamm + **-iyor** + Personalendung
ist**e** - mek → ist+ **iyor** + um          *ich möchte*

**4. gitmek** *(gehen)*, **etmek** *(machen)*, **tatmak** *(probieren)*,
**seyretmek** *(ansehen)*

Achtung **Ausnahme**! Diese 4 Verben ändern den
Endkonsonanten des Stamms: **d → t**
gi**t** - mek → gi**d** + **iyor** + um          *ich gehe*

•••••• **1**

Was kann man alles in seiner *Freizeit* **boş vakit** machen?

| | |
|---|---|
| **buluşmak** | *sich treffen* |
| **yürümek** | *spazieren gehen* |
| **koşmak** | *joggen* |
| **okumak** | *lesen* |
| **televizyon seyretmek** | *fernsehen* |
| **müzik dinlemek** | *Musik hören* |
| **yüzmek** | *schwimmen* |
| **futbol oynamak** | *Fußball spielen* |
| **tenis oynamak** | *Tennis spielen* |
| **kayak yapmak** | *Ski laufen* |

•••••• **2**

Was machen Annas Freunde in ihrer Freizeit? Füllen Sie die Lücken. Schauen Sie sich vorher noch einmal die Regeln zur Bildung der -yor-Gegenwart an (§ 22). Denken Sie daran, bei manchen Verben wird der letzte Vokal der Endung gestrichen oder verändert!

**1.** Ayşe ve Ali tavla oyna _____.

**2.** Nil: Ben çok spor yap _____.

**3.** Berk her hafta sonu tenis oyna _____.

**4.** Kaan müzik dinle _____ ve kitap oku _____.

**5.** Gül & Ayşe: Biz kayak yap _____.

**6.** Ve siz, ne yap _____?

**Tavla** ist das traditionelle türkische Brettspiel, bei uns als *Backgammon* bekannt. Traditionell wird **Tavla** im **çay bahçesi** *Teegarten* gespielt, während nebenher eine **nargile** *Wasserpfeife* geraucht und **çay** *Tee* getrunken wird.

**3** → 🎯 10

Einige nützliche Redemittel im Überblick:

| | |
|---|---|
| **Tanıştırayım, ...** | *Ich möchte vorstellen, ...* |
| **Ya sen?** | *Und du?* |
| **Efendim?** | *Wie bitte? / Entschuldigung?* |
| **Anlamadım** | *Ich habe nicht verstanden.* |
| **Teşekkür ederim! / Teşekkürler!** | *Danke!* |
| **Bir şey değil.** | *Macht nichts / keine Ursache.* |
| **Bilmiyorum.** | *Ich weiß nicht.* |
| **Buyur, otur.** | *Komm, setz dich.* |

**4** → 🎧 11

Sie können nun schon viele Dinge auf Türkisch sagen. Der folgende Dialog ist durcheinandergeraten. Bringen Sie die Sätze in die richtige Reihenfolge. Hören Sie anschließend das Gespräch.

**1.** Istanbul'da ne yapıyorsun?

**2.** Merhaba Jane. Sen Alman mısın?

**3.** İstanbul'da öğrenciyim. Türkçe öğreniyorum.

**4.** Merhaba Petra. İyiyim, ya sen?

**5.** Merhaba Pieter. Nasılsın?

**6.** Teşekkürler, bende iyiyim. Tanıştırayım: Jane.

**7.** Hayır, Alman değilim. İngilizim, Londra'dan. Sen nerelisin?

**8.** Ben Hollandalıyım, Hollanda'da Amsterdam'da yaşıyorum.

**5**

Die Türken gelten als kommunikative, offene und impulsive Menschen. Kein Wunder, dass auch die Körpersprache in der Türkei ein wichtiges Kommunikationsmittel ist. Sehen Sie sich die Bilder an. Können Sie die Gesten verstehen? Ordnen Sie den Bildern die deutschen Beschreibungen zu.

 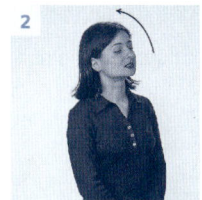 

  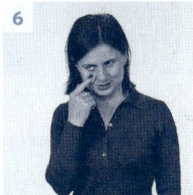

**A** \_\_\_ Jetzt reicht's aber! Genug!

**B** \_\_\_ Du spinnst!

**C** \_\_\_ Das nehm' ich dir nicht ab!

**D** \_\_\_ (Handkuss - Begrüßung einer älteren Person)

**E** \_\_\_ Nein! (Der Kopf mit einem Schnalzen in den Nacken geworfen)

**F** \_\_\_ Es schmeckt ausgezeichnet!

→ 📀 12

In der Umgangssprache wird eine **Verneinung** oft nur durch ein Schnalzen und/oder  oder  ausgedrückt.

→

Schauen Sie sich die Bilder und die dazugehörigen Berufsbezeichnungen an.

**öğretmen**

**doktor**

**postacı**

**sekreter**

**aşçı**

**tezgâhtar**

**Nazan ne iş yapıyor?** *Welchen Beruf übt Nazan aus?* **Nazan öğretmen.** *Nazan ist Lehrerin.*

Nach dem Beruf einer Person fragt man mit:

| **Ne iş yapıyorsun?** | *Welchen Beruf übst du aus?* |
|---|---|

Wie lautet diese Fragemöglichkeit in der Sie Form?

Es gibt mehrere Möglichkeiten, auf die Frage nach dem Beruf zu antworten. Welche Sie wählen, ist Ihnen überlassen. Schauen wir uns zunächst alle 3 Möglichkeiten an.

**Ne iş yapıyorsun?** Sie können ganz einfach antworten, indem Sie die passende **Personalendung** an den **Nominativ** der Berufsbezeichnung anhängen oder **olarak** + das Verb **calışmak** verwenden:

| | |
|---|---|
| **Doktorum.** | *Ich bin Arzt.* |
| **Doktor olarak çalışıyorum.** | *Ich arbeite als Arzt.* |

Eine weitere Möglichkeit ist im Türkischen sehr verbreitet:

| | |
|---|---|
| **Doktorluk yapıyorum.** | (wörtl.) *Ich mache den Beruf des Arztes.* |

Durch das Suffix **-lik, -lük, -lık, -luk** (gV) entsteht eine generelle Berufsbezeichnung. Man verwendet sie mit dem Verb **yapmak**.

**öğretmen** *Lehrer* – **öğretmenlik** *der Beruf des Lehrers*
**avukat** *Anwalt* – **avukatlık** *der Beruf des Anwalts*

### Kartvizit

Die **Kartvizit** *Visitenkarte* ist in der Türkei sehr wichtig, vor allem in Großstädten. In jedem Geschäft erhalten Sie eine. Auch wenn Sie privat jemanden kennenlernen, ist es nicht unüblich, die Visitenkarte zu überreichen – und Sie werden nach Ihrer Karte gefragt. Nehmen Sie die angebotene Karte auf jeden Fall an, alles Andere wäre unhöflich.

**4**

**Ne iş yapıyor** ...? Antworten Sie auf die Frage nach dem Beruf mit allen 3 Antwortmöglichkeiten. Achten Sie auf die richtige Personalendung!

1. **Emre – mühendis** *(Ingenieur)*
   A. Emre _____
   B. Emre mühendis_____
   C. Emre mühendis _____
2. **Dilara – eczaci** *(Apothekerin)*
   A. Dilara _____
   B. Dilara eczacı _____
   C. Dilara eczacı _____

Sie haben sicher schon festgestellt, dass Suffixe im Türkischen eine große Rolle spielen. Durch bestimmte Suffixe können auch neue Wörter gebildet werden. So können Sie mit ein paar Suffixen ihren Wortschatz im Handumdrehen ausbauen.

Durch das Suffix **-ci, -cü, -cı, -cu** (gV) kann aus einem Substantiv eine Geschäftsbezeichnung bzw. ein Beruf werden:

| | |
|---|---|
| **çiçek** | *Blume* |
| **çiçekçi** | *Blumengeschäft, Blumenhändler* |

Wenn Sie nun noch das Suffix **-lik, -lük, -lık, -luk** (gV) anhängen, das Sie bereits auf S. 37 kennen gelernt haben, erhalten Sie die Berufsbezeichnung.

| | |
|---|---|
| **çiçekçilik** | *Beruf des Blumenverkäufers* |

**6**

Bilden Sie nun aus diesen Gegenständen die Geschäfts- bzw. Berufsbezeichnungen.

**1.**
**A.** gözlük (Brille)

**B.** _____

**C.** _____

**2.**
**A.** döner (Dönerspieß)

**B.** _____

**C.** _____

**4. 1. A.** mühendis; **B.** olarak çalışıyor; **C.** -lik yapıyor; **2. A.** eczacı;
**B.** olarak çalışıyor; **C.** -lik yapıyor; **• 6 1. B. gözlükçü** Brillengeschäft, Optiker;
**C. gözlükçülük** *Beruf des Optikers;* **2. B. dönerci** *Dönerrestaurant,*
*Dönerverkäufer;* **C. dönercilik** *Beruf des Dönerverkäufers*

**1** → § 14

Die Grundzahlen werden im Türkischen sowohl als Adjektive als auch als Substantive verwendet.

| 1 | bir | 6 | altı |
|---|-----|---|------|
| 2 | iki | 7 | yedi |
| 3 | üç | 8 | sekiz |
| 4 | dört | 9 | dokuz |
| 5 | beş | 10 | on |

Die Ziffer *0* heißt im Türkischen **sıfır**.

**2**

Als Adjektive stehen die Grundzahlen unverändert vor dem Substantiv, auf das sie sich beziehen. Das Substantiv hat dabei in der Regel keine Pluralendung.

Zählen Sie die Lebensmittel. Kreuzen Sie die richtige Antwort an.

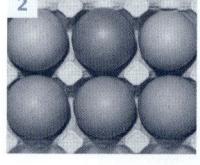
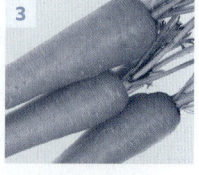

**1.** ☐ **A.** dokuz    ☐ **B.** altı    ☐ **C.** iki    elma

**2.** ☐ **A.** altı    ☐ **B.** yedi    ☐ **C.** sekiz    yumurta

**3.** ☐ **A.** bir    ☐ **B.** üç    ☐ **C.** dört    havuç

**3** →  15

Werfen Sie nun einen Blick auf die Zahlen von 10 – 1000.

| | | |
|---|---|---|
| 10 = on | 50 = elli | 90 = doksan |
| 20 = yirmi | 60 = altmış | 100 = yüz |
| 30 = otuz | 70 = yetmiş | 1000 = bin |
| 40 = kırk | 80 = seksen | |

Die Bildung der Zahlen ist im Türkischen sehr einfach. Sie erfolgt als Kombination der einzelnen Zahlwörter, in chronologischer Reihenfolge und ohne Bindewörter, wie im Deutschen.

| | | | |
|---|---|---|---|
| 10 | = | **on** | |
| 11 | = | on + bir | → **on bir** |
| 100 | = | **yüz** | |
| 110 | = | yüz + on | → **yüz on** |
| 111 | = | yüz + on + bir | → **yüz on bir** |
| 1111 | = | bin + yüz + on + bir | → **bin yüz on bir** |

Bei den Hundertern und Tausendern kommt die „benötigte Anzahl" vor das Zahlwort: **200 → iki yüz, 3000 → üç bin.**
Danach geht es nach dem obigen Schema weiter:
**271 → iki yüz yetmiş bir.**

**4** → § 15

Verbinden Sie die richtigen Zahlen.

| | | | |
|---|---|---|---|
| **1.** 189 | | **A** | yedi yüz dört |
| **2.** 349 | | **B** | altı yüz altmış iki |
| **3.** 571 | | **C** | yüz seksen dokuz |
| **4.** 704 | | **D** | beş yüz yetmis bir |
| **5.** 662 | | **E** | üç yüz kırk dokuz |

**5**

Anna und Kaan möchten **Menemen**, ein klassisches türkisches Omelett zubereiten. Lesen Sie den Einkaufszettel. Welche *Zutaten* **malzemeler** benötigen Sie in welcher Menge?

> bir soğan
> üç domates
> üç yesil biber
> altı yumurta

_____

_____

_____

_____

**6**

**Pazarda ne var? Ne yok?** *Was gibt es auf dem Markt? Was gibt es nicht?*

Ob es etwas gibt oder nicht, sagen Sie ganz einfach mit **var** *es gibt/hat* und **yok** *es gibt/hat nicht*.

| | |
|---|---|
| **Elma** var. | *Es gibt Äpfel.* |
| **Armut** yok. | *Es gibt keine Birnen.* |
| **Elma** var ama armut yok. | *Es gibt Äpfel, aber keine Birnen.* |

Und wie können Sie fragen, ob es etwas gibt oder nicht? Richtig, mit der Fragepartikel **mi** (gV!).

| | |
|---|---|
| **Elma** var **mı?** | *Gibt es Äpfel?* |
| **Elma** yok **mu?** | *Gibt es keine Äpfel?* |

**····• 7**

Finden Sie heraus, was der **satıcı** *Verkäufer* im Angebot hat. Fragen und Antworten Sie nach dem oberen Muster. Das einzelne *Obst und Gemüse* **sebze ve meyva** finden Sie im Lektionswortschatz.

**1. Sandra:** Portakal _____ ? *(Gibt es keine?)*

**2. Satıcı:** Portakal ☹, greyfurt ☺ _____.

**3. Sandra:** Prasa ve lahana _____? *(Gibt es?)*

**4. Satıcı:** Prasa ☺, lahana ☹ _____.

**5. Sandra:** Nar ve çilek _____? *(Gibt es?)*

**6. Satıcı:** Nar ☹, çilek ☺ _____.

Wenn Sie sich nach einem Einkauf verabschieden, wünschen Sie dem Verkäufer, Inhaber, ... **Hayırlı işler!** *Gute Geschäfte!*

**LÖSUNG**

**4.** 1C; 2E; 3D; 4A; 5B • **5** eine Zwiebel; drei Tomaten, drei grüne Paprika; sechs Eier • **7 1.** yok mu? **2.** Portakal yok ama greyfurt var. **3.** var mı? **4.** Prasa var ama lahana yok. **5.** var mı? **6.** Nar yok ama çilek var.

 → § 18

Lernen Sie noch einen Kollegen von **bu** und **o** kennen: **şu**.

**Bu** zeigt die geringste Distanz zum Sprecher an, **şu** ist schon ein wenig weiter und **o** am weitesten vom Sprecher entfernt.

| | |
|---|---|
| **Bu** ekmek taze. | *Dieses Brot hier ist frisch.* |
| **Şu** ekmek de taze. | *Das Brot da ist auch frisch.* |
| **O** ekmek bayat. | *Das Brot dort ist alt.* |

Die türkische Währung heißt **Türk Lirası (TL)**. Im Rahmen der Währungsreform im Jahre 2005 wurden sechs Nullen gestrichen und 1 Million Lira wurden zu 1 Lira. Aber auch heute noch hören Sie im Alltag vielerorts Preisangaben in Millionenbeträgen.

 →  16

Etwas kostet **23,50 TL: yirmi üç (lira) elli (kuruş)**. In der gesprochenen Sprache werden **lira** und **kuruş** weggelassen, es heißt: **yirmi üç elli**. Steht nach dem Komma eine 50, so ist es auch üblich **buçuk** *halb* zu sagen: **yirmi üç buçuk**.
Wenn etwas unter 1 Lira kostet, wird **kuruş** angehängt:
**0,30 TL → otuz kuruş**

Wieviel kosten diese Einkäufe?

**1.** 2,75 TL _____ **2.** 5,50 TL _____

**3.** 0,45 TL _____ **4.** 19,99 TL _____

**5.** 0,10 TL _____ **5.** 110,00 TL _____

**3**

Wenn Sie wissen möchten wie viel etwas kostet, können Sie das Fragepronomen **ne kadar?** *wie viel?* verwenden?

**Üzüm ne kadar?**      *Wie viel kosten die Trauben?*

Wie viel es „macht", erfahren Sie mit **ne kadar tutuyor?**

**Hepsi ne kadar tutuyor?**    *Wie viel macht alles zusammen?*

**4** →  17

**Das liebe Geld.** Hier die wichtigsten Begriffe rund ums Geld.

| | |
|---|---|
| **para** | *Geld* |
| **Bu ne kadar?/** | *Wie viel kostet das?* |
| **Bu kaç para?/kaça?** | |
| **nakit** | *Bargeld* |
| **nakit ödemek** | *bar bezahlen* |
| **kâğıt para** | *Papiergeld* |
| **bozuk para** | *Kleingeld* |
| **Kredi kartı alıyor musunuz?** | *Nehmen Sie EC-/Kreditkarte ?* |
| **İndirim yapıyor musunuz?** | *Geben Sie einen Rabatt?* |
| **mangır** | *(ugspr.) Kohle* |
| **Sende mangır var mı?** | *Hast du Kohle?* |

**LÖSUNG**

**2 1.** iki yetmiş beş; **2.** beş elli; **3.** kırk beş kuruş, **4.** on dokuz doksan dokuz;
**5.** on kuruş; **6.** yüz on

Die **Verneinung** der **yor-Gegenwart** ist ganz einfach. Zwischen Verbstamm und **yor-Endung** wird **m** eingefügt:

Verbstamm + **Negationsendung m** + **-iyor** + Personalendung

| | |
|---|---|
| **biliyorum** | *ich weiß* |
| **bilmiyorum** | *ich weiß nicht* |

Verneinen Sie folgende Sätze:

**1.** Ben Ankara'dan geliyorum. _____.

**2.** Emre her gün yüzüyor. _____.

**3.** Biz spor yapıyoruz. _____.

**4.** Mia ve Max eve gidiyorlar. _____.

**5.** Sen çok konuşuyorsun. _____.

**Hiç** *niemals* erfordert immer die negative Form.

| | |
|---|---|
| **Hep yapıyorum.** | *Ich mache immer.* |
| **Hiç yapmıyorum.** | *Ich mache niemals.* |

**7**

Die **yor-Gegenwart** wird verwendet, wenn etwas regelmäßig oder jetzt, in diesem Moment geschieht oder gemacht wird. Merken Sie sich diese Wörter, die auf die **yor-Gegenwart** hinweisen.

| | |
|---|---|
| **her sabah** | *jeden Morgen* |
| **her gün/akşam** | *jeden Tag/Abend* |
| **her hafta sonu** | *jedes Wochenende* |
| **genellikle** | *im Allgemeinen* |
| **sık sık** | *oft* |
| **şimdi** | *jetzt* |
| **şu anda** | *in diesem Augenblick* |

**8**

Die Satzstruktur im Türkischen ist S-O-P (Subjekt-Objekt-Prädikat). Bestimmungswörter folgen dabei direkt dem Subjekt. Bringen Sie die folgenden Sätze in die richtige Reihenfolge. Beginnen Sie die Sätze mit dem fett markierten Wort.

**1.** şimdi – mektup – yazıyorum – **Ben**

_____

**2. Ahmet** – diskoya – gidiyor – her hafta sonu

_____

**Mit Leib und Seele...** Wähle deinen Freund nach dem Geschmack seiner Speisen aus", empfiehlt ein türkisches Sprichwort. Es macht deutlich, welche Bedeutung Türken dem Essen beimessen. Man isst nicht nur, um satt zu werden. Das Beisammensein mit Freunden und Familie ist genauso wichtig.

Entscheidungsfragen werden in der **yor-Gegenwart** mit der Fragepartikel **mi** (gV) und der Personalendung gebildet. Die Personalendung wird dabei an die Fragepartikel angehängt. Eine Frage wird also folgendermaßen gebildet:

> **1.** Wort: **Verbstamm** + **-iyor** (3.P.Sg.) +
> **2.** Wort: Fragepartikel **mi** + **Personalendung**

**geliyor musun**? *Kommst du?*

**Ausnahme**! In der 3. P. Pl. wird die Personalendung an den Verbstamm gehängt, dann folgt die endungslose Fragepartikel.

**geliyorlar mı**? *Kommen sie?*

Achtung! Auch hier wird zur Verbindung von zwei Vokalen **y** als Bindekonsonant verwendet.

| | |
|---|---|
| **İstiyor muyum ?** | *Möchte ich?* |
| **İstiyor musun ?** | *Möchtest du?* |
| **İstiyor mu?** | *Möchte er/sie/es?* |
| **İstiyor muyuz?** | *Möchten wir?* |

| İstiyor musunuz ? | *Möchtet ihr/möchten Sie?* |
|---|---|
| İstiyorlar mı? | *Möchten sie?* |

**2**

Setzen Sie die fehlenden Endungen ein, um Entscheidungsfragen zu bilden.

**1.** Ben biliyor mu____ ?

**2.** Sen biliyor mu____ ?

**3.** O biliyor mu____?

**4.** Biz biliyor mu____?

**5.** Siz biliyor mu____?

**6.** Onlar biliyorlar mu____?

**3**

Stellen Sie die Fragen zu folgenden Antworten! Beispiel:
**Evet, çok çay içiyoruz → Çok çay içiyor musunuz?**

**1.** _____?
Hayır, lokantaya gitmiyorum.

**2.** _____?
Evet, güzel yemek pişiriyorsun.

**3.** _____?
Hayır, Kerstin Türkçe konuşmuyor.

**4.** _____?
Anna ve Kaan gelmiyorlar.

**5.** _____?
Ergün et sevmiyor.

Für einen türkischen Gastgeber ist es wichtig, dass sein Gast immer genug zu essen hat. Dieser bekommt daher oft Unmengen von verschiedenen Speisen vorgesetzt, und man möchte, dass er von allem probiert. Je beherzter Sie als Gast zugreifen, umso mehr freut es Ihren Gastgeber.

 **4**

Man sagt, die liebestollen Köche der Sultane machten die türkische Küche zu einer der besten der Welt. Sie gaben den Speisen klangvolle und anschauliche Namen. Hier einige der bekanntesten Gerichte.

**İmam bayıldı**
*Der Imam fiel in Ohnmacht*
(mit Tomaten gefüllte Auberginen)

**Kadınbudu köfte**
*Damenschenkel-Köfte*
(panierte Fleischbällchen)

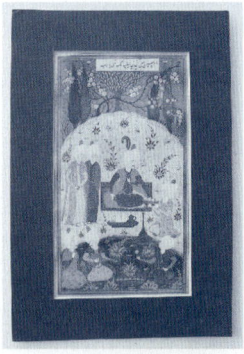

**Hamım göbeği**
*Damennabel*
(in Sirup getränktes Gebäck
mit einem Loch in der Mitte)

**Kız memesi**
*Mädchenbrüste*
(mit Walnüssen gefülltes Gebäck)

**5**

Haben Sie sich schon immer gefragt, warum man Sie fragt, ob Sie ihren Döner „mit Scharf" möchten?

Ganz einfach! Im Türkischen werden viele Adjektive gebildet, indem man an das jeweilige Substantiv ein **-lı, -li, -lu, -lü** *(mit)* oder **-sız, -siz, -suz, -süz** *(ohne)* anhängt (gV).

> **acı** *(die Schärfe)* + **-lı** → **acılı** *(scharf, wörtl. mit Schärfe)*
> **acı** *(die Schärfe)* + **-sız** → **acısız** *(mild, wörtl. ohne Schärfe)*

Bilden Sie nun weitere Adjektive.

**tuz** *Salz*   **şeker** *Zucker*   **köpük** *Schaum*   **yağ** *Fett*

**1.** salzig _____, ungesalzen _____

**2.** gezuckert _____, ungezuckert _____

**3.** schaumig _____, nicht schaumig _____

**4.** fettig_____, fettarm _____

**Lezzetli** *schmackhaft, lecker* bedeutet wörtlich *mit Geschmack*.
**Bu yemek çok lezzetli!** *Dieses Essen ist sehr lecker!*
Lobt man allerdings die Kochkünste einer Person, sagt man
**Ellerinize sağlık**, wörtl. *Gesundheit ihren Händen*.

**1** → **§** 8

Anna und Kaan sind im Restaurant und möchten bestellen.
*Wer mag was?* **Kim neyi seviyor?**

Das Verb **sevmek** *mögen, lieben* erfordert immer den **Akkusativ**. Man erfragt ihn mit **kimi?** *wen?* oder **neyi?** *was?*

**Anna, kırmızı şarab(ı) seviyor musun?**
*Anna, magst du Rotwein?*

**Evet, hele bu şarabı çok seviyorum.**
*Ja, vor allem diesen Wein mag ich sehr.*

**2**

Wie Sie bereits wissen, werden Kasusendungen im Türkischen ans Wortende gehängt. Für das Akkusativobjekt, gibt es zwei Varianten, nur eine davon erfordert eine Endung.

Die zwei Varianten werden unterschieden in **unspezifisches Objekt** und **spezifisches Objekt**. Nur das spezifische Objekt erfordert das Akkusativsuffix **-ı, -i, -u, -ü** (gV).

unspezifisches Objekt:
**Et(i) seviyorum.**                *Ich mag Fleisch.*

spezifisches Objekt
**Bu eti seviyorum.**             *Ich mag dieses Fleisch.*

Achtung! Auch hier kann wieder der Bindekonsonant **y** nötig sein, wenn zwei Vokale aufeinandertreffen.

**Bu salatayı seviyorum**          *Ich mag diesen Salat.*

Bei Eigennamen wird das Akkusativsuffix durch einen Apostroph angehängt.

 **3**

Wo wird die Akkusativendung benötigt und wo nicht? Füllen Sie die Lücken und achten Sie auf die Vokalharmonie.

**1.** Genellikle çorba ___ sevmiyorum. Ama bu çorba ___ seviyorum.

**2.** Menü ___ verir misin?

**3.** Bu tatlı ___ istiyorum.

**4.** Şu garson___ çağırır mısın?

**5.** Garson neyi getiriyor? Kahve ___ getiriyor.

**Çay bahçesi, çay evi** oder **çayhane** ist das *Teehaus*, in das auch Frauen und Familien gehen. Im Gegensatz dazu ist das türkische *Kaffeehaus* **kahve**, auch **kahvehane** genannt, ein Ort, den traditionell nur Männer besuchen. Frauen ist der Besuch nicht verboten, er ist jedoch unüblich.
Die auch in der Türkei allerorts verbreiteten Café-Ketten heißen **cafe, kafe** oder **cafe bar**.

 **4** → 🧭 18

Diese Sätze sind typisch, wenn Sie sich in einem Restaurant oder einer Bar aufhalten.

**Ahmet Akbulut adına reservasyonumuz var.**
*Wir haben eine Reservierung auf den Namen Ahmet Akbulut.*

**İki (üç, dört, ...) kişiyiz.**
*Wir sind zu zweit (dritt, viert, ...)*

**Dışarda oturmak istiyoruz.**
*Wir möchten draußen sitzen.*

**Menüyü alabilir miyiz lütfen?**
*Können wir bitte die Speisekarte bekommen?*

**Meze olarak (piyaz, ...) istiyorum.**
*Als Vorspeise möchte ich (Bohnensalat, ...).*

**Yemekten önce çorba ister misiniz?**
*Möchten Sie vor dem Essen eine Suppe?*

**Baş yemek olarak (balık, ...) var mı?**
*Gibt es (Fisch, ...) als Hauptspeise?*

**Tatlı alır mısınız?**
*Möchten Sie ein Dessert?*

**Hesabı alabilir miyim?**
*Kann ich bitte die Rechnung bekommen?*

Wenn man in der Türkei gemeinsam Essen geht, bezahlt man zusammen. Dabei teilt man entweder durch die Anzahl der anwesenden Personen oder jeder legt seinen Anteil dazu. Separate Rechnungen zu verlangen ist unüblich und wird oft als **alman usulü** *deutsche Art* bezeichnet.
Sind Sie zu Gast, wird man Sie auf keinen Fall bezahlen lassen und einladen; alles andere würde ihr Gastgeber als unhöflich empfinden. Sie dürfen zwar pro Forma protestieren – werden damit aber keinen Erfolg haben.

Erinnern Sie sich noch, wie man nach *wen?* oder was fragt? Setzen Sie das passende Fragewort ein.

**1.** _____ çağırayım? Garson'u.   **2.** _____ istiyorsun? Şu tatlıyı.

Wenn es Ihnen einmal nicht schmecken sollte, können Sie sagen: *Dieses Essen ist …* **Bu yemek …**

| | |
|---|---|
| **fazla tuzlu** – *versalzen* | **çok acı** – *sehr scharf* |
| **fazla yağlı** – *zu fettig* | **soğuk** – *kalt* |
| **tatsız** – *fad* | **çok ağır** – *sehr schwer* |

… und falls es doch einmal passieren sollte:

**Bu yemekten kıl çıktı.** – *In diesem Essen ist ein Haar.*

Schauen Sie sich zunächst den Wortschatz für diese Lektion an und lernen Sie die Bezeichnungen für Kleidungsstücke.

Ergänzen Sie dann die Lücken.

| 1 | 2 | 3 |
|---|---|---|
|  |  |  |
| elbise | | |

| 4 | 5 | 6 |
|---|---|---|
|  |  |  |
| | çizme | |

Kleidung ist ...

**şık** – *schick*
**ucuz** – *billig*
**bol** – *weit*
**rahat** – *bequem*

**eski moda** – *altmodisch*
**pahalı** – *teuer*
**dar** – *eng*
**pratik** – *praktisch*

Türken lieben es einzukaufen und verbringen oft den ganzen Tag in einem **AVM (alışveriş merkezi)** *Einkaufszentrum*. Diese riesigen Shoppingcenter beherbergen hunderte von Läden, Restaurants, Kinos, Eislaufflächen, Bowlingbahnen u.v.m. und sind bei vielen Türken ein wichtiger Bestandteil der Freizeitgestaltung.

Einkaufen können Sie aber auch auf dem **pazar** *Markt*. Märkte werden immer an festen Wochtentagen in bestimmten Stadtteilen aufgebaut. Hier wird nicht nur Obst und Gemüse verkauft, sondern Sie können auch zu sehr günstigen Preisen Kleidung, Accessoires und Haushaltswaren erstehen. Im Gegensatz zu den AVMs können und dürfen Sie hier gerne ihr Glück im Feilschen probieren.

**···· 3**

Lernen Sie nun einige Wendungen, die beim Einkaufen hilfreich sind.

| | |
|---|---|
| **Bana ... lâzım.** | *Ich brauche ...* |
| **... arıyorum.** | *Ich suche ...* |
| **Bunun 38 bedeni var mı?** | *Gibt es das in Größe 38?* |
| **Hoşuma gidiyor.** | *Das gefällt mir.* |
| **Hoşuma gitmiyor.** | *Das gefällt mir nicht.* |
| **Bunu deneyebilir miyim?** | *Kann ich das anprobieren?* |
| **Prova odaları nerede?** | *Wo sind die Umkleidekabinen?* |

**4** → § 17

Wenn man etwas benötigt, benutzt man den Ausdruck **... lâzım** *erforderlich, nötig.*

Das benötigte Objekt steht im Nominativ. Derjenige, der etwas braucht, steht im Dativ:

**Bana ayakkabı lâzım.**
*Ich brauche Schuhe.*

Adjektive etc. werden direkt vorangestellt:

**Bana yeni ayakkabı lâzım.**
*Ich brauche neue Schuhe.*
**Bana kış için ayakkabı lâzım.**
*Ich brauche Schuhe für den Winter.*

> Achtung! 1. und 2. P. Sg. der Personalpronomen im Dativ sind unregelmäßig:
> **ba**na *mir*
> **sa**na *dir*
> **ona** *ihm/ihr*
> **bize** *uns*
> **size** *euch/Ihnen*
> **onlara** *ihnen*

**5**

Wenn sie etwas suchen, sagen Sie **... arıyorum** *Ich suche ...*
Das gesuchte Objekt steht im Akkusativ. Wie sie im vorigen Kapitel gelernt haben, können oder müssen Sie, je nachdem, ob es sich um ein **unspezifisches Objekt** oder **spezifisches Objekt** handelt, das Akkusativsuffix **-ı, -i, -u, -ü** (gV) anhängen.

**Bluz arıyorum.**          *Ich suche eine Bluse.*
**Bu bluzu arıyorum.**      *Ich suche diese Bluse.*

**6** →  19

Machen Sie sich zunächst mit dem weiteren Wortschatz vertraut und ergänzen Sie dann den folgenden Dialog im Bekleidungsgeschäft.

---

dar • arıyorum • teşekkür • lâzım • var • güzel • prova odaları
alıyor • bulduk • elbiseler • beden • deniyorum

- Merhaba, hoş geldiniz.
  - ▪ Hoş _____ **1**.
- Nasıl yardımcı olabilirim?
  - ▪ Yeni bir elbise _____ **2**.
- Buyurun, _____ **3** burada.
  - ▪ Ah, bu çok _____ **4**. Bunu deneyebilir miyim?
- Size hangi beden _____ **5**?
  - ▪ 40 _____ **6**.
- Maalesef, 40 bedeni kalmadı. Ama 38 bedeni _____ **7**.
  - ▪ Yazık, çok _____ **8**. Ama yinede _____ **9**.
    _____ **10** nerede?
- Buyurun, şurada.
  - ▪ Hayret, ne şans - tam oluyor! Bunu alıyorum!
    *(An der Kasse)*
  - ▪ Kredi kartı _____ **11** musunuz?
- Tabiiki. 150 Lira lütfen.
  - ▪ Buyurun.
- _____ **12** ederim. İyi günlerde kullanın!

Egal, wo Sie etwas Neues kaufen, der Verkäufer sagt stets **İyi günlerde kullanın!** *Benutzen Sie es in guten Tagen!*

Lernen Sie Pınars Familienmitglieder kennen. Sehen Sie sich zunächst den Familienstammbaum und die Bezeichnungen der einzelnen Familienmitglieder an.

anneanne    dede                         babaanne    dede

dayı    teyze    anne          baba    hala    amca

abi/ ağabey    erkek kardeş    Pınar    kız kardeş    abla

Können Sie herausfinden, wie diese Familienmitglieder auf Türkisch heißen? Manchmal gibt es mehrere Möglichkeiten!

1. Mutter - _____
2. Vater - _____
3. Großmutter - _____
4. Großvater- _____
5. Tante - _____
6. Onkel- _____
7. Schwester - _____
8. Bruder - _____

 **3** → 20

Im Türkischen werden manche Familienmitglieder, abhängig von Alter und Zugehörigkeit zur mütterlichen oder väterlichen Seite, unterschiedlich bezeichnet.

So heißt die *kleine Schwester* **kız kardeş**, wohingegen die *ältere Schwester* respektvoll **abla** genannt wird. Der *kleine Bruder* ist der **erkek kardeş**, der *ältere Bruder* wird respektvoll **ağabey** oder kurz **abi** genannt. Weitere Unterschiede:

|  | mütterlicherseits | väterlicherseits |
| --- | --- | --- |
| *Tante* | **teyze** | **hala** |
| *Onkel* | **dayı** | **amca** |
| *Großmutter* | **anneanne** | **babaanne** |

Insgesamt hat die **aile** *Familie* in der Türkei einen sehr hohen Stellenwert. Den *Eltern* **anne ve baba** und *Älteren* **büyükler** wird immer großer Respekt entgegengebracht. Auch Die Bindung zur Familie ist sehr stark und hört nie auf. So ziehen oft viele junge Erwachsene erst dann bei ihren Eltern aus, wenn ein berufs- oder studienbedingter Grund einen Auszug erfordert oder man durch Heirat oder Zusammenziehen mit einem Partner einen neuen Haushalt gründet. Im Gegensatz zu Deutschland wird dabei das lange „Zuhausewohnen" nicht negativ angesehen.

**LÖSUNG**

**2** 1. anne; **2.** baba; **3.** anneanne, babaanne; **4.** dede; **5.** teyze, hala; **6.** dayı, amca; **7.** kız kardeş, abla; **8.** erkek kardeş, abi/ağabey

Lernen Sie nun eine neue grammatische Konstruktion kennen: die **Possessivpronomen** und **Possessivendungen**. Durch sie werden Possessivbeziehungen ausgedrückt, wobei hierfür die Endungen völlig ausreichen. Die Possessivpronomen können zusätzlich zur Verstärkung verwendet aber auch weggelassen werden.

Die türkischen Possessivpronomen sind eigentlich die Genitiv-formen der Personalpronomen.

| Possessivpronomen | Possessivendungen | |
|---|---|---|
| **ben**im | **-(i)m** (gV) | *mein* |
| **sen**in | **-(i)n** (gV) | *dein* |
| **o**nun | **-(s)i** (gV) | *sein/ihr* |
| **biz**im | **-(i)miz** (gv) | *unser* |
| **siz**in | **-(i)niz** (gV) | *euer/Ihr* |
| **onlar**ın | **-leri** (kV, gV) | *ihr* |

Endet das Wort auf einen Vokal, wird die Possessivendung direkt angefügt:

**(ben**im**) anne**m *meine Mutter*

Endet das Wort auf einen Konsonanten, werden <u>Bindevokale</u> eingefügt, die sich nach der großen Vokalharmonie **(ı, i, u, ü)** richten:

**(sen**in**) telefon**u**n** *dein Telefon*

Achtung! Konsonantenwandel bei Substantiven mit stimmlosen Konsonanten: **ç → c, k → ğ, nk → ng, p → b, t → d.**

**kitap → (benim) kitabım**       *mein Buch*
**çocuk → (onun) çocuğu**        *sein Kind*

**··· 5**

Nun sind Sie dran - ergänzen Sie die fehlenden Possessivendungen

**1.** benim aile ___      **2.** sizin abi ___      **3.** senin hala ___

**4.** onun dayı ___      **5.** bizim dede ___      **6.** onların teyze ___

**··· 6**

Welches Possessivpronomen ist hier gesucht?

**1.** _____ anneannesi

**2.** _____ kiz kardeşim

**3.** _____ ablan

**4.** _____ abiniz

**5.** _____ babaannemiz

**6.** _____ çocukları

Hier sehen Sie den Grundriss von Ayşes und Tevfiks Haus. Lernen Sie die Bezeichnungen für die verschiedenen Räume und Stockwerke kennen. Machen Sie dann die Übungen unten.

yatak odası
tuvalet
ikinci kat
çocuk odası
birinci kat
banyo
giriş katı
bahçe
bodrum

çatı terası
çalışma odası
çocuk odası
misafir odası
balkon
koridor
merdiven evi
oturma odası
yemek odası
mutfak
giriş

Was befindet sich auf welcher Etage?

**1.** Giriş katı: _____

**2.** Birinci kat: _____

**3.** İkinci kat: _____

**2** → § 21

Hier sehen Sie wichtigen Wortschatz rund ums Thema Wohnen.

| | | | |
|---|---|---|---|
| **koltuk** | *Sessel* | **halı** | *Teppich* |
| **sandalye** | *Stuhl* | **perde** | *Vorhang* |
| **sedir** | *Sofa* | **lâmba** | *Lampe* |
| **masa** | *Tisch* | **ayna** | *Spiegel* |
| **yazı masası** | *Schreibtisch* | **jaluzi** | *Jalousie* |
| **kitap rafı** | *Bücherregal* | **duvar** | *Wand* |
| **vitrin** | *Vitrine* | **tavan** | *Decke* |
| **elbise dolabı** | *Kleiderschrank* | **yer** | *Fußboden* |
| **yatak** | *Bett* | **pencere** | *Fenster* |
| **stereo sistemi** | *Stereoanlage* | **kalorifer** | *Heizung* |

Wenn man in der Türkei ein Haus betritt, zieht man immer die Schuhe aus, außer man wird ausdrücklich dazu aufgefordert, die Schuhe anzubehalten. Jeder Gastgeber hält immer eine ausreichende Anzahl von **terlik** *Hauspantoffeln* für seine Besucher bereit.

**LÖSUNG**

**1.** merdiven evi; oturma odası; yemek odası; mutfak; **2.** banyo; çocuk odası; misafir odası; banyo; korridor; balkon; **3.** çalışma odası; yatak odası; tuvalet

**3** → § 11

Sicherlich ist ihnen auf den vorherigen Seiten eine weitere besondere Wortform aufgefallen: das **Possessivkompositum**. Dadurch können zwei Substantive zu einem neuen festen Begriff verschmolzen werden.

Das erste Substantiv steht dabei immer im **Nominativ**, das zweite trägt die **Possessivendung der 3. P. Sg. -(s)i**. Endet das zweite Wort mit einem stimmlosen Konsonanten findet ein Konsonantenwandel statt!

**1.** Das erste Substantiv des Possessivkompositums kann ein Wort sein, das den neuen Begriff in Bezug auf **Art** oder **Ort** eingrenzt.

**mutfak + kapı → mutfak kapısı**
*Küche     Tür          Küchentür*

**çocuk + oyuncak → çocuk oyuncağı**
*Kind     Spielzeug     Kinderspielzeug*

**2.** Das erste Wort kann auch eine **Ortsbeschreibung** sein.

**Galata + köprü → Galata köprüsü**
*Galata   Brücke       Galatabrücke*

**3.** Wird ein Begriff mit einer **Nationalität** verbunden, so wird nicht, wie im Deutschen, Adjektiv + Substantiv, sondern ein Possessivkompositum verwendet

**Türk + kahve → Türk kahvesi**
*Türke   Kaffee   türkischer Kaffee*

**4**

Übersetzen Sie die folgenden Begriffe ins Türkische, indem Sie mithilfe der vorgegebenen Wörter Possessivkomposita konstruieren.

**1.** Etagenwohnung: apartman + daire _____

**2.** Kellergeschoss: bodrum + kat _____

**3.** Türgriff: kapı + tokmak _____

**4.** Toilettendeckel: tuvalet + kapak _____

**5**

Wissen Sie noch, wie diese Gegenstände heißen?

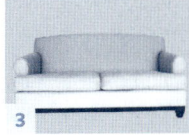

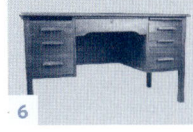

 → § 10,11

**Ayşe'nin abisi Aykut avukat.** *Ayşes Bruder Aykut ist Anwalt.*
Bevor wir uns in seinem Büro genauer umschauen, lernen Sie
nun noch den sechsten und letzten Fall im Türkischen kennen,
den **Genitiv**.

Besitz- und Zugehörigkeitsverhältnisse werden mit **Genitiv-
verbindungen** ausgedrückt. Diese werden mithilfe der Posses-
sivendungen, die Sie schon kennen, konstruiert:

| Possessivkonstruktion: | **o**nun **abi**si | *ihr Bruder* |
|---|---|---|
| | ↓ | |
| | **o**, wird ersetzt durch „Besitzer" | |
| | ↓ | |
| Genitivverbindung: | **Ayşe'nin abi**si | *Ayşes Bruder* |

Hierbei ist folgende Regel zu beachten: An **erster Stelle** steht
immer der **„Besitzer"** + **Genitivendung**, an **zweiter Stelle**
immer der **„Besitz"** + **Possessivendung der 3.Person.**

Das Fragewort für den Genitiv lautet **kimin?** *wessen?*

Bei Namen wird die Genitivendung durch einen Apostroph an
das Wort angehängt. Endet das Wort mit einem Vokal, wird **n**
als Bindekonsonant eingefügt: **Ayşe'nin** (gV!).

 → § 22

Machen Sie sich zunächst mit dem Lektionswortschatz
vertraut. Bilden Sie dann die Genitivverbindungen in den

folgenden Sätzen. Achten Sie dabei auf den Konsonantenwandel im Auslaut bei **ç → c, k → ğ, nk → ng, p → b, t → d**. Die Endkonsonanten vor Eigennamen ändern sich nicht!

**1.** Ayşe' _____ abi _____ çok başarılı.

**2.** Aykut' _____ ofis _____ şehir merkezinde.

**3.** Şirket _____ kantin _____ var.

**4.** Bina _____ boy _____ çok uzun.

**5.** Patron _____ keyif _____ her gün farklı.

**3**

Im Plural funktioniert die Genitivbildung genauso, nur wird das Pluralsuffix eingeschoben:

**benim iş arkadaş-lar-ım**          *meine Kollegen*

Welches Wort gehört in die Lücke, wenn es im Plural steht?

**1.** Sizin _____ nazik mi?
   **A.** sekreterler      **B.** sekreterlerde      **C.** sekreterleriniz

**2.** Benim _____ nerede?
   **A.** dosyalarla      **B.** dosyam      **C.** dosyalarda

**3.** Bizim _____ bütün gün yuvada.
   **A.** çocuğun      **B.** çocuklarımız      **C.** çocuklara

**4.** Onların _____ çok titiz.
   **A.** müşterileri      **B.** müşterilerim      **C.** müşterilerimiz

# 16

**4**

Diese Gegenstände befinden sich in Aykuts Büro. Können Sie, nachdem Sie sich bereits den Lektionswortschatz angeschaut haben, alle benennen?

1

2

3

4

**5** →   25

Aykut bittet seine Sekretärin verschiedene Dinge für ihn zu erledigen. Sehen Sie sich die türkischen Sätze an und ordnen Sie Ihnen die deutschen Übersetzungen zu. Können Sie eine Regel finden, wie der Imperativ gebildet wird?

1. Yarın lütfen erken gel!
2. Bir fotokopi çek lütfen!
3. Lütfen kapıyı kapat
4. Lütfen bana bu klasörü ver!

A. Mach bitte eine Fotokopie!
B. Schließ bitte die Tür!
C. Gib mir bitte diesen Ordner!
D. Komm morgen bitte früh!

Der Imperativ ist leicht zu bilden. In der 2. P. Sg. genügt der reine Verbstamm: **gel-mek** *kommen* → **Gel!** *Komm!*
In der 2. P. Pl. tritt die Endung **-(y)in** oder **-(y)iniz** (Höflichkeitsform) direkt an den Verbstamm:
**gel-mek** → **Gelin!** *Kommt!* / **Geliniz!** *Kommen Sie!*
Bei der Verneinung wird einfach die Verneinungspartikel **me**/**ma** an den Verbstamm angehängt:
**Gelme!** *Komm nicht!*     **Gelmeyin!** *Kommt nicht!*     etc.

Die Endungen richten sich nach der (gV): **-ın/-in/-un/-ün**. Bei Verben die mit Vokal enden, tritt der Bindekonsonant **y** auf.

Besonderheit! Bei den Verben **etmek** *machen*, **seyretmek** *anschauen* und **gitmek** *gehen* wird das auslautende **t** in der Imperativform der 2. P. Pl. und in der Höflichkeitsform zu **d**.

**6**

Tragen Sie die Imperativformen im Singular und im Plural ein.

| Infinitiv | Imperativ | | |
|---|---|---|---|
| | Singular | Plural | Höflichkeitsform |
| **1. gitmek** *gehen* | _____ | _____ | _____ |
| **2. vermek** *geben* | _____ | _____ | _____ |
| **3. aramak** *anrufen* | _____ | _____ | _____ |
| **4. getirmek** *bringen* | _____ | _____ | _____ |
| **5. yapmak** *machen* | _____ | _____ | _____ |

**LÖSUNG**

**4** 1. dolma kalem; 2. ajanda; 3. fotokopi makinası; 4. klasör • **5** 1D, 2A, 3B, 4C • **6** 1. Git!, Gidin!, Gidiniz!; 2. Ver!, Verin!, Veriniz!; 3. Ara!, Arayın!, Arayınız!; 4. Getir!, Getirin!, Getiriniz!; 5. Yap!, Yapın!, Yapınız!

Lernen Sie einige typische Redemittel, die bei einem **telefon konuşması** *Telefonat* hilfreich sind.

| | |
|---|---|
| **Efendim? / Alo / Buyurun** | *Hallo?* |
| **Ben ...** | *Hier spricht ...* |
| **Alo, kiminle konuşuyorum?** | *Hallo, mit wem spreche ich?* |
| **... beyle/hanımla konuşabilir miyim?** | *Kann ich bitte mit Herrn/Frau ... sprechen?* |
| **Maalesef burada değil.** | *Er/sie ist leider nicht da.* |
| **O sizi arayabilir mi?** | *Kann er/sie zurückrufen?* |
| **Bir haber bırakmak ister misiniz?** | *Möchten Sie eine Nachricht hinterlassen?* |
| **Telefon ettiğimi ona söyler misiniz?** | *Könnten Sie ihm/ihr bitte ausrichten, dass ich angerufen habe?* |
| **Bir dakika, numarayı not edeyim.** | *Einen Moment, lassen Sie mich die Nummer notieren.* |

Die höfliche Anrede findet in der Türkei mit dem **Vornamen** + **hanım** *Frau* bzw. **bey** *Herr* statt. *Herr Frank Meier* wird somit als **Frank bey** angesprochen, *Frau Fatma Özel* als **Fatma hanım**. Kennt man den Vornamen nicht, wird dem Nachnamen **(sayın) bay** bzw. **bayan** vorangestellt: **(Sayın) bay Meier** bzw. **(sayın) bayan Özel**, was übersetzt soviel bedeutet wie *der ehrenwerte Herr Meier* bzw. *die ehrenwerte Frau Özel*.

**2** → § 23, 🔑 23

Ayşe telefoniert mit Melis. Sie haben sich seit 2 Wochen nicht gesprochen und Melis erzählt von ihrem Urlaub. Lesen Sie einen Auszug aus dem Telefonat und unterstreichen Sie die neuen Verbformen – sie stehen in der **Vergangenheit**. Schauen Sie sich zuvor den Lektionswortschatz an!

**Ayşe:** Merhaba Melis, iki hafadır seninle görüşmüyoruz. Neler yaptın? Tatile nereye gittin?
**Melis:** Antalya'ya gittim. Arkadaşım Zeynep de geldi. Antalya'da güzel bir otelde kaldık. Otelde bir çok şey vardı. Hergün yüzdük ve güzel yemekler yedik. Ben çok dinlendim. Zeynep de çok eğlendi. Yaklaşık her akşam bara veya diskoya gittik... ve Hakan'la tanıştım. Çok yakışıklı ve çok sempatik bir tip. Tatilin son günlerini hep beraber geçirdik, ayrılmak çok zor oldu!
**Ayşe:** Melis, sen aşıksın galiba!

**3** → § 23

Sie haben bestimmt erkannt, wie die **geçmiş zaman** *Vergangenheit* gebildet wird:
Verbstamm + Präteritumendung + <u>Personalendung</u>
        **-dı/-di/-du/-dü**

**ara-mak** *anrufen* → **ara-dı-m** *ich rief an*

Hat der Verbstamm einen stimmlosen Auslaut, wird **d** zu **t**!

Die **Verneinung** wird gebildet, indem die Verneinungspartikel **me/ma** (kV) noch vor die <u>Vergangenheitsendung</u> gesetzt wird:

**ara-ma-<u>dı</u>-m**     *ich rief nicht an*

Die positive Frage wird mit der Verbform im <u>Präteritum</u> + Fragepartikel **mi** (kV) gebildet: **ara<u>dı</u>m mı?** *rief ich an?*

Achtung! Die Personalendung der 1. P. Pl. lautet **-k**, nicht **-iz**.

Wegen der Endung **-di**, wird diese Vergangenheitsform auch die **-di-Vergangenheit genannt**.

Vervollständigen Sie die folgenden Vergangenheitsformen:

| | Aussage | Verneinung | pos. Frage |
|---|---|---|---|
| **ben** | ara**dı**m | 1. _____ | 2. _____ |
| **sen** | 3. _____ | 4. _____ | 5. _____ |
| **o** | 6. _____ | 7. _____ | ara**dı** mı? |
| **biz** | ara**dık** | ara**madık** | ara**dık** mı? |
| **siz** | 8. _____ | 9. _____ | 10. _____ |
| **onlar** | 11. _____ | ara**madılar** | 12. _____ |

•••••• **4** → 🧭 24

Ayşes und Melis' Telefonat geht weiter. Nun berichtet Ayşe, wie es ihr in letzter Zeit erging:

**Melis:** Eh? Sen neler <u>yaptın</u>?
**Ayşe:** Sorma! Ben hastaydım. Ofiste işler çok yoğundu ve ben zaten bütün hafta çok yorgundum. En sonunda hasta raporu <u>aldım</u> ve iki hafta evde <u>kaldım</u>. Tahmin edersin, şef pek mutlu değildi!

In dem Dialog sind einige Vergangenheitsformen schon unterstrichen. Es sind aber noch vier weitere Formen der **di-Vergangenheit** vorhanden. Finden und unterstreichen Sie sie.

 **5**

Wie sie sicher festgestellt haben, können die Formen der **di-Vergangenheit** auch an **Adjektive** angehängt werden. Sie ersetzen somit die Vergangenheitsform des deutschen Hilfsverbs *sein*. Endet das Adjektiv auf einen Vokal, wird der Bindekonsonant **y** eingefügt.

**hasta** *krank* → **hasta + y + dım** *ich war krank*

Die **Verneinung** besteht aus zwei Wörtern, dem Adjektiv + **değil** *nicht*. Die Vergangenheitsendung wird dabei an **değil** angehängt: **hasta değildim** *ich war nicht krank*.

**6**

Setzen Sie die folgenden Verbformen in die positive und die negative Vergangenheitsform. Achten Sie auf die (gV).

**1.** iyiyim _____ _____

**2.** mutlusun _____ _____

**3.** şişman _____ _____

**4.** üzgünüz _____ _____

**5.** komik _____ _____

**6.** atletik _____ _____

•••••• **1** →  25

Lernen Sie nun einige Wörter rund um das Thema Computer. Noch mehr Wörter finden Sie im Lektionswortschatz

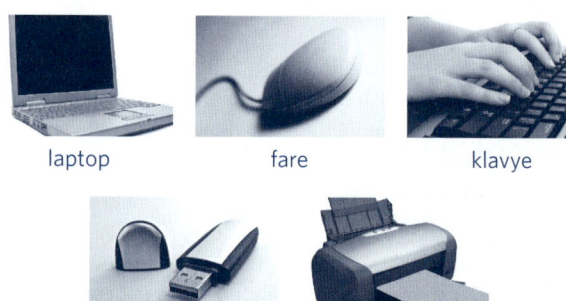

laptop

fare

klavye

USB cihazı

yazıcı

**Internet'e girmek** *Ins Internet gehen …* können Sie in der Türkei in einem der zahlreichen Internetcafes, die Sie überall finden können. Falls Sie sich längere Zeit in der Türkei aufhalten und mit ihrem eigenen Rechner eine **internet bağlantısı** *Internetverbindung* aufbauen möchten, ist es am praktischsten, bei einem Mobilfunkanbieter einen *Surfstick* **mobil modem cihazı** zu kaufen und die benötigte Menge an Datenvolumen aufzuladen. Gesprächsguthaben für Handys und Datenpackete fürs Internet werden in der Türkei als **kontör** verkauft. 100 **kontör** kosten z.B. 20 TL, dafür können Sie dann eine bestimmte Anzahl an Minuten telefonieren oder eine bestimmte Menge an Daten laden.

**2**

Links sehen Sie türkische Begriffe, die Sie auf ihrem Computer finden können. Versuchen Sie die deutschen Übersetzungen den Begriffen zuzuordnen. Die Symbole helfen Ihnen.

| | | | |
|---|---|---|---|
| **1.** | **kaydetmek** | **A** | *schließen* |
| **2.** | **yazdırmak** | **B** | *öffnen* |
| **3.** | **kopyalamak** | **C** | *speichern* |
| **4.** | **kapatmak** | **D** | *kopieren* |
| **5.** | **biçim**  | **F** | *Format* |
| **6.** | **kesmek** | **G** | *drucken* |
| **7.** | **açmak** | **H** | *neuer Ordner* |
| **8.** | **yeni klasör** | **I** | *ausschneiden* |

**3** → 26

Anna erhält eine Email von Ayşe, in der diese berichtet, warum sie sich die letzten Tage nicht gemeldet hat. Leider hat sich ein Programmfehler eingeschlichen und der Text weist Lücken auf. Füllen Sie die Lücken in der E-Mail auf der nächsten Seite mit den Vergangenheitsformen der **di-Vergangenheit**. Hören Sie anschließend den Text.

Merhaba Ayşe!

Sorma neler _____ 1 (**olmak** - *geschehen*). Sana telefon _____ 2 (**[telefon] etmek** - *anrufen/nicht*), çünkü geçen hafta cep telefonumu _____ 3 (**kaybetmek** - *verlieren*). Her tarafta _____ 4 (**aramak** - *suchen*) ama yok! Email çekmek _____ 5 (**istemek** - *wollen*), ama bu sefer laptopum _____ 6 (**bozulmak** - *kaputtgehen*). Şimdi Esra'nın abisinin bilgisayarından yazıyorum. Bugün onun doğum günü. Tamamen _____ 7 (**unutmak** - *vergessen*). Sen de geliyorsun, değil mi? Sen hediye _____ 8 (**almak** - *kaufen*)?

**4** → § 10, 11

Schauen Sie sich den folgenden Satz aus Ayşes E-Mail noch einmal genau an:

**Şimdi Esra'nın abisinin laptopunu kullanıyorum.**
*Jetzt benutze ich Esras Bruders Laptop.*

Unterstreichen Sie alle Genitivverbindungen, die Sie finden können!

In Lektion 17 haben Sie die Genitivverbindungen kennen gelernt. Hier sehen Sie, dass auch zwei Genitivverbindungen hintereinander stehen können:

**Esra'nın abisi-nin laptopunu**

**abisi-nin** besteht aus zwei Genitivverbindungen: 1. „Besitz" von **Esra** + 2. „Besitzer" von **laptop**.

Die Aneinanderreihung von Genitivverbindungen lässt sich theoretisch endlos fortsetzen:

**Esra'nın abisinin laptopunun ekranının boyu ...**
*Die Größe des Monitors des Laptops des Bruders von Esra ...*

**5**

Vervollständigen Sie nun die Sätze mit den passenden Genitivverbindungen.

1. Sen ＿＿ abi ＿＿ laptop ＿＿ yavaş.
2. Kaya' ＿＿ internet bağlantısı ＿＿ hız ＿＿ yüksek.
3. Ben ＿＿ arkadaş ＿＿ internet cafe ＿＿ var.
4. Siz ＿＿ scanner ＿＿ kalite ＿＿ çok iyi.
5. Onlar ＿＿ kontörler ＿＿ fiyat ＿＿ çok ucuz.
6. Biz ＿＿ ofis ＿＿ bilgisayar ＿＿ bozuk.

**LÖSUNG**

**3 1.** oldu; **2.** etmedim; **3.** kaybettim; **4.** aradım; **5.** istedim; **6.** bozuldu;
**7.** unuttum; **8.** aldın mi? • **5 1.** in, in, u; **2.** nın, nın, ı; **3.** im, ımın, sı;
**4.** ın, ın, sı; **5.** ın, ının, ı; **6.** im, ın, ı

······· **1** →  27

Lernen Sie die türkischen **Wochentage**.

> **pazartesi** *Montag* • **salı** *Dienstag* • **çarşamba** *Mittwoch*
> **perşembe** *Donnerstag* • **cuma** *Freitag*
> **cumartesi** *Samstag* • **pazar** *Sonntag*

Das deutsche *am* geben Sie wieder, indem Sie lediglich den Wochentag nennen. Sie können auch **günü** hinzufügen: **salı (günü)** *am Dienstag*.

Mithilfe der Endungen für Dativ **-e/-a** *bis* und Ablativ **-den/-dan** *seit* und den Präpositionen **kadar**, **beri** und **itibaren** sind unterschiedliche Zeitangaben möglich. Achtung! Bindekonsonant **y** bei Vokalendung:

**salıya kadar**　　　　　　*bis Dienstag*
**salıdan beri / itibaren**　　*seit / ab Dienstag*

Übersetzen Sie.

**1.** Nil kommt am Montag. _____

**2.** Warte (**beklemek** – *warten*) bitte bis Freitag! _____
_____

**3.** Wir warten seit Mittwoch. _____

**2** →  28

Hier sehen Sie die türkischen **Monatsnamen**.

> **ocak** *Januar* • **şubat** *Februar* • **mart** *März* • **nisan** *April* • **mayıs** *Mai*
> **haziran** *Juni* • **temmuz** *Juli* • **ağustos** *August* • **eylül** *September*
> **ekim** *Oktober* • **kasım** *November* • **aralık** *Dezember*

Die Angabe eines Datums ohne Jahreszahl erfolgt mit den Grundzahlen: **beş kasım** *5. November*.

Auch hier können mithilfe der Endungen für Lokativ **-de/-da** *im*, Dativ **-e/-a** *bis* und Ablativ **-den/-dan** *seit* und den Präpositionen **kadar**, **beri** und **itibaren** unterschiedliche Zeitangaben gemacht werden. Achtung! Bindekonsonant **n** bzw. **y** bei Vokalendung:

| | |
|---|---|
| **martta** | *im März* |
| **marta kadar** | *bis März* |
| **marttan beri / itibaren** | *seit / ab März* |

**3**

Wann haben Lale, Ahmet und Turgut & Tuba Geburtstag? Schreiben Sie die deutsche Bezeichnung des Monats auf.

1. _____   2. _____   3. _____

**4** → § 15

Jahreszahlen werden im Türkischen mit den Grundzahlen angegeben: **bin dokuz yüz yetmiş üç** *1973*. Sie werden oft mit **yıl** oder **sene** *Jahr* als Possessivkompositum kombiniert: **2006 senesi/yılı** *das Jahr 2006*

Mithilfe der Endungen für Lokativ **-de/-da** *im*, Dativ **-e/-a** *bis* und Ablativ **-den/-dan** *seit* und den Präpositionen **kadar**, **beri** und **itibaren** sind unterschiedliche Zeitangaben möglich. Achtung! Bindekonsonant **n** bzw. **y** bei Vokalendung:

| | |
|---|---|
| **2009'da, 2009 senesinde /** **yılında** | *(im Jahr) 2009* |
| **2009'a, 2009 senesine / yılına** **kadar** | *bis (zum Jahr) 2009* |
| **2009'dan, 2009 senesinden /** **yılından beri / itibaren** | *seit / ab (dem Jahr) 2009* |

**Ne zaman doğdunuz?** *Wann sind Sie geboren?*

**Ben beş şubat bin dokuz yüz yetmiş üçte doğdum.**
*Ich bin am 5.2.1973 geboren.*

Das **Datum** wird im Türkischen entweder mit den Grundzahlen oder mit den Monatsnamen angegeben.

| | | | |
|---|---|---|---|
| **beş** | **iki** | **bin dokuz yüz yetmiş üçte** | *am 5.2.1973* |
| **beş** | **şubat** | **bin dokuz yüz yetmiş üçte** | *am 5. Februar 1973* |

Im Alltagsgebrauch wird auch oft nur die Jahreszahl genannt:
**Haluk 1965'de doğdu.** *Haluk wurde 1965 geboren.*

···· **6**

Und nun alles zusammen. Übersetzen Sie die folgenden
Datums- und Zeitangaben und Sätze. Schreiben Sie die Zahlen
aus.

**1.** Ali wurde am 12.4.1984 geboren.

_____

**2.** Ich arbeite (**çalışmak** – *arbeiten*) bis zum Oktober.

_____

**3.** Seit März 1997.

_____

**4.** Ab 2010.

_____

**5.** Mein Onkel kommt im August.

_____

**6 1.** Ali on iki dört/nisan bin dokuz yüz seksen dörtte doğdu. **2.** Ekime kadar
çalışıyorum. **3.** Mart bin dokuz yüz doksan yediden beri. **4.** İki bin ondan
itibaren. **5.** Benim amcam ağustosta geliyor.

**LÖSUNG**

**1** → § 16

**Saat kaç?** *Wie viel Uhr ist es?*

Die türkischen Uhrzeiten werden mit **saat** angegeben, was *Uhr* und in anderem Zusammenhang auch *Stunde* bedeuten kann.

Auf die Frage nach der Uhrzeit antwortet man mit der bloßen Nennung der Stunden- und Minutenzahl. In der Umgangssprache wird dabei **saat** weggelassen. Ab zwölf Uhr mittags werden dabei auch die Zahlen von 1 – 9 verwendet.

**13.00 →** (Saat) **on üç** bzw. **bir.** *Es ist 13 Uhr.*
**13.20 →** (Saat) **on üçyirmi.** *Es ist 13 Uhr 20.*

• Halbe Stunden

Für halbe Stunden bis vormittags 11 Uhr kann **buçuk** *halb* verwendet werden. **Buçuk** steht immer hinter einer Zahl. Im Gegensatz zum Deutschen wird eine halbe Stunde zur vollen Stunde dazugezählt.

**10.30 →** (Saat) **on otuz.** *Es ist 10 Uhr 30.*
        (Saat) **on buçuk.** *Es ist halb 11.*

Sonderfall: **12:30 Uhr →** (Saat) **yarım.** *Es ist halb 1.*

Ab **13.30** nennt man entweder die Stunden- und Minutenzahl oder man verwendet **buçuk** mit den Grundzahlen 1 – 11.

**14.30 →** (Saat) **on dört otuz.** *Es ist 14 Uhr 30.*
        (Saat) **iki buçuk.** *Es ist halb 3.*

Zur Angabe der Minuten wird die Uhr „geteilt".

- Minuten **bis** zur vollen Stunde

  **geçiyor** + volle Stunde im **Akkusativ**:
  (wörtl. *es geht daran vorbei*)

  **15.10 → Üçü on geçiyor.** *Es ist 10 nach 3.*

- Minuten **ab** der vollen Stunde

  **var** (*es hat*) + volle Stunde im **Dativ**:

  **14.50 → Üçe on var.** *Es ist 10 vor 3.*

- Viertelstunden

  Für die Angabe von Viertelstunden wird **çeyrek** verwendet:

  **15.15 → Üçü çeyrek geçiyor.** *Es ist viertel nach 3.*

  **14.45 → Üçe çeyrek var.** *Es ist viertel vor 3.*

**2**

**Saat kaç?** Schreiben Sie die Zeitangaben aus.

**1.** 15.25 _____

**2.** 9.38 _____

**3.** 7.45 _____

**4.** 6.15 _____

**3** → § 16

**Saat kaçta?** *Um wieviel Uhr?*

Nach einem Zeitpunkt fragt man mit **saat kaçta?** *um wieviel Uhr?* oder auch mit **ne zaman?** *wann?*
Die Antwort darauf erfolgt mit der Nennung der Stunden- und Minutenzahl im Lokativ. Das deutsche *um* wird mit dem Lokativsuffix **-da/-de** wiedergegeben.

8.00 → **Saat sekizde / 8'de.** *Um 8 Uhr.*

8.30 → **Saat sekiz otuzda / 8.30'da.** ⎫
     **Saat sekiz buçukta.** ⎬ *Um 8 Uhr 30.*

Zur Angabe der Minuten wird die Uhr „geteilt".

- Minuten **bis** zur vollen Stunde

  **geçe** (*nach*) + volle Stunde im **Akkusativ**:

  15.10 → **Üçü on geçe.** *Um 10 nach 3.*

- Minuten **ab** der vollen Stunde

  **kala** (*es hat*) + volle Stunde im **Dativ**:

  14.50 → **Üçe on kala.** *Um 10 vor 3.*

- Viertelstunden

  Für die Angabe von Viertelstunden wird **çeyrek** verwendet:

  15.15 → **Üçü çeyrek geçe.** *Um viertel nach 3.*

  14.45 → **Üçe çeyrek kala.** *Um viertel vor 3.*

Wenn ein Suffix angefügt wird, das mit einem Vokal beginnt, wird, wird **t → d: dört → dörde**

| | | | |
|---|---|---|---|
| **saatte bir** | *stündlich* | **yarım saatlik** | *halbstündig* |
| **üçe doğru** | *gegen 3 Uhr* | **bu saatlerde** | *um diese Zeit* |
| **sabahleyin** | *morgens* | **öğleyin** | *mittags* |
| **akşamleyin** | *abends* | **geceleyin** | *nachts* |

 →  29

Antworten Sie auf die Frage **ne zaman?**

**5 1.** On otuzda/On buçukta, **2.** On üç on beşte/Biri çeyrek geçe,
**3.** On iki kırk beşte/On ikiyi kırk beş geçe, bire çeyrek kala **4.** Sekiz ikide/
Sekizi iki geçe, **5.** On ellide/On bire on kala, **6.** Dörtte

**LÖSUNG**

# 21

**Bir yıl** *ein Jahr*. Lernen Sie die Namen der *Jahreszeiten*
**mevsimler**. Erinnern Sie sich noch an alle Monate? Schreiben
Sie sie neben die dazugehörige Jahreszeit.

ilkbahar

_____

_____

_____

yaz

sonbahar

_____

_____

_____

kış

Zeitangaben für die Jahreszeiten erfolgen mit den Suffixen
**-de/-da** bzw. **-ın**:

**ilkbaharda** *im Frühling*       **sonbaharda** *im Herbst*
**yazın** *im Sommer*       **kışın** *im Winter*

**Bayram günleri** *Feiertage*
Die türkischen Feiertage sind
über das ganze Jahr verteilt.
Die wichtigsten nationalen
Feiertage sind **Yılbaşı** *Neujahr*,
**Ulusal Egemenlik ve Çocuk
Bayramı** *Tag des Parlaments und
des Kindes* am 23.4., **Gençlik ve
Spor Bayramı** *Tag der Jugend*

*und des Sports* am 19.5., **Zafer Bayramı** *Tag des Befreiungssieges* (im Unabhängigkeitskampf gegen die Griechen) am 30.8.
und **Cumhuriyet Bayramı** *Tag der Republik* am 29.10. Die beiden großen religiösen Feste sind **Şeker Bayramı** *Zuckerfest*, mit
dem das Ende des Fastenmonats **Ramazan** *Ramadan* gefeiert
wird und bei dem jede Menge Süßigkeiten und Geschenke verteilt werden und **Kurban Bayramı** *Opferfest*, bei dem ein Tier
nach rituellen Regeln geschlachtet wird. Die religiösen Feste
richten sich nach dem islamischen Mondjahr und verschieben
sich jedes Jahr um ein paar Tage.

**LÖSUNG**
**1.** 1. mart; nisan, mayıs; **2.** haziran, temmuz, ağustos; **3.** eylül, ekim, kasım;
**4.** aralık, ocak, şubat

**3** → 🔊 30

Können Sie erraten, wie die folgenden Feiertagswünsche auf Deutsch heißen?

**1.** Mutlu yıllar!  **A.** Frohe Weihnachten!
**2.** Hayırlı bayramlar!  **B.** Frohes neues Jahr!
**3.** Mutlu Noel bayramı!  **C.** Gesegnete Feiertage!

**4** → 🔊 31

Schauen Sie sich den Lektionswortschatz an. Ordnen Sie dann die Aussagen über das Wetter den einzelnen Symbolen zu.

**A**  **B**  **C**  **D**  **E**  **F**  **G**  **H**

**1.** Yağmur yağıyor ___   **5.** Hava güneşli ___

**2.** Hava soğuk ___   **6.** Hava bulutlu ___

**3.** Kar yağıyor ___   **7.** Hava fırtınalı ___

**4.** Hava rüzgârlı ___   **8.** Hava sıcak ___

**5**

Sehen Sie weitere Redemittel rund ums Wetter.

**Hava çok güzel/kötü.** *Das Wetter ist sehr schön/schlecht.*
**Berbat bir hava!** *Ein scheußliches Wetter!*
**Hava kapıyor.** *sinngemäß: Es zieht zu.*
**Hava açıyor.** *sinngemäß: Es klart auf.*

 → § 13

Lernen Sie wie der Komparativ und der Superlativ gebildet werden. Die Steigerung ist im Türkischen ganz einfach, da es keine unregelmäßigen Formen gibt.

Für den Komparativ wird dem Adjektiv die Partikel **daha** vorangestellt:

**güzel** *schön* - **daha güzel** *schöner*

Für den Superlativ wird die Partikel **en** vorangestellt:

**güzel** *schön* - **en güzel** *am schönsten*

**İlkbaharda hava güzel, yazın daha güzel, son baharda en güzel,**
Im Frühling ist das Wetter schön, im Sommer ist es schöner, im Herbst ist es am schönsten.

 → § 13, 14

Wenn Sie Vergleichssätze bilden möchten, können Sie auf die Partikel **daha** verzichten, sie dient lediglich der Verstärkung und bedeutet in diesem Fall *noch*.

**İlkbahar yazdan (daha) güzel.**
*Der Frühling ist (noch) schöner als der Sommer.*

Ein Wort wie das deutsche *als* gibt es nicht. Die Funktion des *als* wird durch die Ablativendung **-den/-dan** des Wortes erfüllt, das direkt vor dem Adjektiv steht und mit dem verglichen wird.

→

Lernen Sie die Bezeichnungen für Verkehrsmittel.

otobüs

tramvay

vapur

metro

dolmuş

**Dolmuş**

Das **dolmuş** (wörtl. *voll besetzt*) ist ein Sammeltaxi oder Sammelminibus, das rund um die Uhr feste Routen fährt. Es fährt erst dann los, wenn es „voll besetzt" ist, daher der Name. Man kann jederzeit ein- und aussteigen. Will man einsteigen, winkt man einfach am Straßenrand. Zum Aussteigen ruft man **İnecek var!** *Es gibt jemanden, der aussteigen möchte!* Wenn Sie sich nicht auskennen, können Sie dem Fahrer auch ihr Ziel ansagen - er wird sie an geeigneter Stelle aussteigen lassen.

 **2** → § 29

Anstelle der Präpositionen, die wir im Deutschen benutzen, gibt es im Türkischen Postpositionen, die dem Bezugswort nachgestellt werden. Die Postposition **ile** *mit* antwortet auf die Fragen **kimin ile?** *mit wem?* und **ne ile?** *womit?* In der Umgangssprache werden verkürzten Formen verwendet, bei denen **-(y)le/-(y)la** an das Bezugswort angehängt wird: **kiminle?/ neyle?** (kV).

**Kimin ile?/Kiminle?** → **Anna ile/Annayla.** *Mit Anna.*

**Ne ile?/Neyle?** → **Otobüs ile/otobüsle.** *Mit dem Bus.*

Wie lauten die langen und kurzen Formen in Verbindung mit den verschiedenen Verkehrsmitteln?

**1.** mit dem Auto _____ _____

**2.** mit dem Schiff _____ _____

**3.** mit dem Sammeltaxi _____ _____

**4.** mit dem Zug _____ _____

**5.** mit dem Motorrad _____ _____

Bei Aufzählungen reicht es, die Postposition **ile** nur an das letzte aufgezählte Objekt anzuhängen:

**vapur ve otobüsle** *mit der Fähre und dem Bus*

**LÖSUNG**

**2 1.** araba ile/arabayla, **2.** vapur ile/vapurla, **3.** dolmuş ile/dolmuşla, **4.** tren ile/trenle, **5.** motosiklet ile/motosikletle

 **3** → 33

Hier sind einige wichtige Redemittel rund um das Reisen mit öffentlichen Verkehrsmitteln.

> **Affedersiniz, bu yer boş mu?**
> *Entschuldigung, ist dieser Platz noch frei?*
>
> **Şimdi neredeyiz?** *Wo sind wir jetzt?*
>
> **Bileti değiştirebilir miyim?**
> *Kann ich das Ticket umbuchen?*
>
> **Kadıköy vapuru ne zaman kalkıyor?**
> *Wann fährt die nächste Fähre nach Kadıköy ab?*
>
> **Çocuklar/Öğrenciler/Yaşlılar için indirim var mı?**
> *Gibt es eine Ermäßigung für Kinder/Schüler/Senioren?*

 **4** → § 20

Ortsangaben bestehen im Türkischen aus Substantiven wie **üst** *Oberes,* **alt** *Unteres,* **arka** *Hinteres,* **ön** *Vorderes,* **sağ** *rechte Seite,* **sol** *linke Seite* usw.

In Verbindung mit der Lokativendung **-de/-da** können Sie damit auf die Frage **nerede?** *wo?* antworten:

**Aylin nerede?** *Wo ist Aylin?*
**Arkada.** *Hinten*

Gibt es ein Bezugswort, wird oft eine Genitivkonstruktion verwendet, an die die Lokativendung angehängt wird:

**Banka nerede?** *Wo ist die Bank?*
**Park**in yan**ın**da. *Neben dem Park.*

Ist der Auslaut der Genitivverbindung ein Vokal, wird der Bindekonsonant **n** eingefügt!

**5**

Schauen Sie sich den Lektionswortschatz an und fügen Sie dann die fehlenden Endungen und die passenden Ortsangaben in die Lücken ein.

> yanında | altında | karşısında | arasında | arkasında

| 1 | 2 | 3 | 4 | 5 |
|---|---|---|---|---|
|  |   |  |  |  |

**1.** Postane müze____ _____.

**2.** Internetkafe istasyon____ _____.

**3.** Ev bankayla cami____ _____.

**4.** Büfe enformasyon____ _____.

**5.** Restoran Galata köprüsü____ _____.

**5.** 1. nin arkasında; 2. un yanında; 3. nin arasında; 4. un karşısında;
5. nün altında

**1** → 🧭 34

Lesen Sie die türkischen Begriffe zum Thema Reisen und Flughafen.

**bagaj**
*Gepäck*

**dış hatlar**
*Internationaler Abflug*

**havalimanı**
*Flughafen*

**uçuş bilgileri**
*Flugauskunft*

**bütün kapılar**
*alle Gates*

**THY** ist die Abkürzung für die türkische staatliche Fluggesellschaft **Türk Hava Yolları**, (wörtl.) *Türkische Luftwege*.

Egal ob Sie irgendwohin fliegen oder mit dem Bus, Zug oder dem Schiff fahren - Sie können immer das Verb **gitmek** *gehen* verwenden. Es passt sich ganz automatisch ihrer Reiseform an.

··· **2** → § 22

**Die Zukunft ausdrücken.** Um auszudrücken, was man in nächster Zeit machen will, kann im Türkischen die **yor-Gegenwart** in Verbindung mit bestimmten temporalen Ausdrücken verwendet werden. Hier sehen Sie die wichtigsten im Überblick:

| | | |
|---|---|---|
| **yarın** *morgen* **sabah** | | *morgen früh* |
| ~ | **öğleyin** | *morgen Mittag* |
| ~ | **akşam** | *morgen Abend* |
| | | |
| **gelecek** *nächste* **hafta** | | *nächste Woche* |
| ~ | **ay** | *nächsten Monat* |
| ~ | **sene** | *nächstes Jahr* |
| ~ | **hafta sonu** | *nächstes Wochenende* |

Und so können Sie ganz einfach zukünftige Vorhaben ausdrücken:

**Yarın akşam Antalya'ya uçuyorum.**
*Morgen Abend fliege ich nach Antalya.*

Daneben gibt es noch die Futurform **gelecek zaman** *Zukunft*, die mit der Endung **-(y)ecek** (kV) gebildet wird. Hier sehen Sie ein Beispiel. Mehr dazu können Sie im Grammatikanhang unter §24 nachlesen.

**(vermek** *geben***)**
**veriyorum** *ich gebe* – **vere**ceğim *ich werde geben*

Nun sind Sie dran. Übersetzen Sie die Sätze, verwenden Sie dabei die **yor-Gegenwart**.

**1.** Morgen frühe buche (**ayırtmak** – *buchen*) ich mein Ticket.

_____.

**2.** Nächstes Wochenende fliegen wir nach Edirne.

_____.

**3.** Nächsten Sommer kommt Anna aus Deutschland.

_____.

**4.** Morgen fahre ich zum Flughafen.

_____.

**5.** Nächsten Monat kommst du nach Hause.

_____.

 4 → 🎤 35

Diese Redewendungen sind am Flughafen hilfreich. Versuchen Sie mithilfe der Vokabeln, die sie schon kennen, die türkischen Sätze den deutschen Übersetzungen zuzuordnen. Wenn Sie Hilfe brauchen schauen Sie im Lektionswortschatz nach. Viel Spaß beim Tüfteln!

**4. Lufthansa'nın gişesi nerede?**

**H** Kann ich das als Handgepäck mitnehmen?

**C** Ich möchte am Fenster/Gang sitzen.

**7. Bunu el bagajı olarak alabilir miyim?**

**B** Wo ist der Lufthansaschalter?

**3. İki tane bagajım var.**

**A** Der Flug wurde gestrichen.

**6. Uçak seferi iptal edildi.**

**G** Ich möchte mein Ticket umbuchen.

**5. Çıkış kapıları nerede?**

**E** Ich habe zwei Gepäckstücke.

**1. Uçak gecikmeli geliyor/kalkıyor.**

**F** Wo sind die Gates?

**2. Biletimi değiştirmek istiyorum.**

**D** Das Flugzeug kommt verspätet an/fliegt verspätet ab.

**8. Pencere kenarında/koridorda oturmak istiyorum.**

**LÖSUNG**

**3** 1. Yarın biletimi ayırtıyorum. 2. Gelecek hafta sonu Edirne'ye uçuyoruz. 3. Gelecek yaz Anna Almanya'dan geliyor. 4. Yarın havaalanına gidiyorum. 5. Gelecek ay eve geliyorsun. • 4 1D, 2G, 3E, 4B, 5F, 6A, 7H, 8C

**1**

Lernen Sie zunächst einigen Wortschatz zum Thema Urlaub.

| | |
|---|---|
| **tatil** | *Urlaub* |
| **tatile gitmek** | *in den Urlaub fahren* |
| **kalmak** | *bleiben* |
| **tur** | *Tour* |
| **günübirlik** | *eintägig* |
| **seyahat acentesi** | *Reisebüro* |
| **gezmek** | *reisen* |
| **değişik yerler** | *andere Orte* |
| **rezervasyon yaptırmak** | *eine Buchung vornehmen lassen* |
| **ayırtmak** | *buchen lassen* |
| **ayırmak** | *buchen* |
| **otel** | *Hotel* |
| **tek/iki kişilik oda** | *Einzel-/Doppelzimmer* |
| **kahvaltılı** | *mit Frühstück* |
| **yarım/tam pansiyon** | *Halb-/Vollpension* |
| **deniz manzaralı** | *mit Meerblick* |
| **rezervasyon yaptırmak** | *buchen* |
| **yer ayırtmak** | *buchen* |
| **kiralamak** | *mieten* |
| **kiralık araba** | *Mietwagen* |
| **görülmeye değer şeyler** | *Sehenswürdigkeiten* |

Ayşe, Anna und Kaan planen demnächst zusammen in den Urlaub zu fahren. Lesen Sie den Dialog und unterstreichen Sie die Verbformen, die Sie noch nicht kennen.

Denken Sie daran, dass der Verbstamm im Türkischen immer unverändert bleibt - so erkennen Sie ihnen bekannte Verben auch in neuen Zeitformen!

**Kaan:** Arkadaşlar, bu sene tatile nereye gidelim?

**Ayşe:** Ben biraz değişik yerler görmek istiyorum. İspanya'ya gidelim! Geçen hafta televizyonda bir röportaj gördüm. Barcelona çok enteresan, çok görülmeye değer şeyler var.

**Anna:** Ama ben Türkiye'yi hiç tanımıyorum ...

**Kaan:** Doğru ya! O zaman bence Türkiye'de kalalım! Kemer'e uçalım! Orası hem sıcak, hem de oteller çok güzel.

**Ayşe:** Evet, Anna'ya Türkiye'yi gösterelim! Kemer'de araba kiralayalım ve günübirlik küçük turlar yapalım!

**Kaan:** Tamam. O zaman ben hemen seyahat acentesine gideyim! Bir an önce yer ayırtalım!

    26

Haben Sie alle Formen gefunden? Bei diesen Verbformen handelt es sich um den **Voluntativ** - eine Besonderheit des Türkischen. Auf der nächsten Seite sehen Sie wie diese Form zum Einsatz kommt.

Der **Voluntativ** ist eine Aufforderungsform und kommt nur in der 1. P. Sg. und Pl. vor.

- Der **Voluntativ Singular** wird verwendet, um spontane Willensäußerungen auszudrücken. Hier richtet sich der Sprecher gewissermaßen auch an sich selbst, was sich im Deutschen am besten mit „ich will mal" wiedergeben lässt. Bildung: Verbstamm + **(-y)eyim/(-y)ayım** (kV).

  **Gid**eyim! *Ich will mal gehen.*
  **O zaman hemen gid**eyim! *Dann will ich gleich mal gehen.*

- Im **Voluntativ Plural** fordert man andere auf, etwas gemeinsam zu tun oder macht Vorschläge.
  Bildung: Verbstamm + **(-y)elim/(-y)alım** (kV).

  **Uç**alım! *Lasst uns fliegen!*
  **Kemer'e uç**alım! *Lasst uns nach Kemer fliegen!*

- In der **Frageform**, fragt der Sprecher nach der Meinung des Hörers. Der Voluntativ lässt sich mit Fragewörtern verwenden:

  **Nereye gid**eyim? *Wohin soll ich gehen?*
  **Nereye gid**elim? *Wohin sollen wir gehen?*

  aber auch mit der Fragepartikel **mi**:

  **Gid**eyim **mi**? *Soll ich gehen?* **Gid**elim **mi**? *Sollen wir gehen?*

**4**

Sie wissen nun, wie Sie Wünsche und Vorschläge unterbreiten. Wenn Sie jedoch die feste Absicht oder Willen haben, etwas zu tun, verwenden Sie das Verb **istemek** *wollen*. Es wird in der konjugierten Form an das Objekt oder an ein Verb im Infinitiv angehängt.

**Oda anahtarını istiyorum.**
*Ich will den Zimmerschlüssel.*

**Kahvaltı büfesine gitmek istiyorum.**
*Ich will zum Frühstücksbüffet gehen.*

**5**

Schauen Sie sich die folgenden Sätze an. Überlegen Sie zunächst - handelt es sich um einen Vorschlag oder wird etwas gewollt? Was gehört in die Lücken: **Voluntativ** oder **istemek**?

**1.** Iki kişilik oda _____ *(ich/buchen/wollen)*.

**2.** Plajda _____? *(wir/bleiben/sollen)*.

**3.** Bilet _____? *(ich/kaufen/sollen)*.

**4.** Bence Roma'ya _____ ! *(wir/fliegen/wollen)*.

**5.** Resepsiyona _____ ! *(ich/gehen/wollen)*.

# Grammatik

### Silbentrennung

Die Silbentrennung richtet sich nach Sprechsilben. Die Wortsilben beginnen ab der zweiten Silbe immer mit einem Konsonanten. Ausnahme: Fremdwörter mit Doppelvokalen.

**Türk-çe** *Türkisch*  **Al-man-ca** *Deutsch*  **ma-a-le-sef** *leider*

### Groß- und Kleinschreibung

Das erste Wort eines Satzes, Eigennamen, Titel, Religions- und Nationalitätsbezeichnungen werden großgeschrieben.

**Doktor Hüseyin Korkmaz** *Doktor Hüseyin Korkmaz*
**bir Alman** *ein Deutsche/r*

Religions- und Nationalitätsbegriffe werden auch dann groß geschrieben, wenn es sich um Adjektive handelt.

**İslâm dini** *die islamische Religion*
**Tekin Türkçe konuşuyor.** *Tekin spricht Türkisch.*

### Der Apostroph

Der Apostroph wird benutzt, um Eigennamen und in Ziffern geschriebene Zahlen von ihren Endungen zu trennen.

**Berlin'den geliyorum.** *Ich komme aus Berlin.*
**Saat 6'da kalkıyorum.** *Ich stehe um 6 Uhr auf.*

§ **2 LAUTLEHRE**

### Die Vokalharmonie

Die acht türkischen Vokale bilden zwei Gruppen: die der hellen Vokale, die im Mund vorne gebildet werden, und die Gruppe der dunklen Vokale, die im Mund hinten gebildet werden.

**helle Vokale: e i ö ü**          **dunkle Vokale: a ı o u**

In fast allen echttürkischen Wörtern tauchen **nur helle** oder **nur dunkle** Vokale auf. Diese Erscheinung nennt man **Vokalharmonie**. Man unterscheidet zwischen **kleiner** (kV) und **großer** Vokalharmonie (gV).

### Die Vokalharmonie bei den Endungen

Im Türkischen werden grammatische Funktionen oft durch Endungen ausgedrückt. Diese Endungen sind meist einsilbig. Ihre Grundformen haben **e** oder **i** als Vokal. Sie bilden nach diesen Vokalen zwei Gruppen:

**Endungen mit e:**    -ler, -mek, -de, -en etc.
**Endungen mit i:**    -li, -cik, -di, -i etc.

Wenn die Endungen an Wörter angehängt werden, gleichen sie ihre Vokale nach der letzten vorangehenden Silbe an.

### 1. Endungen mit e: die kleine Vokalharmonie (kV)

Bei den Endungen mit **e** bleibt der Vokal unverändert, wenn die letzte Silbe vor der Endung einen hellen Vokal hat, wie z.B. bei der Pluralendung **-ler**.

**Vokal in der vorangehenden Silbe: e, i, ö, ü**
**→ Vokal in der Endung: e**

tr**en** *Zug* → tren**ler** *Züge*          taks**i** *Taxi* → taksi**ler** *Taxis*

Nach Silben mit dunklem Vokal wird das **e** in der Endung zu **a**.

**Vokal in der vorangehenden Silbe: a, ı, o, u**
**→ Vokal in der Endung: a**

bank**a** *Bank* → banka**lar** *Banken* ar**ı** *Biene* → arı**lar** *Bienen*

Dies betrifft alle Endungen mit **e**.

|  | Vokal in der vorangehenden Silbe: e/i/ö/ü | Vokal in der vorangehenden Silbe: a/ı/o/u |
|---|---|---|
| Pluralendung | **-ler** | **-lar** |
| Lokativendung | **-de** | **-da** |
| Futurendung | **-ecek** | **-acak** |
| Infinitivendung | **-mek** | **-mak** |

## 2. Endungen mit i: die große Vokalharmonie (gV)

Bei den Endungen mit **i** gibt es vier Möglichkeiten.

| Vokal in der der vorangehenden Silbe: | Vokal in der Endung: |
|---|---|
| e/i | i |
| **Nürnberg, Berlin** | **Nürnbergli, Berlinli** |
| ö/ü | ü |
| **Köln, Fürth** | **Kölnlü, Fürthlü** |
| a/ı | ı |

**1**

| Avusturya, Aydın | Avusturyalı, Aÿdınlı |
|---|---|
| o/u | u |
| Bonn, İstanbul | Bonnlu, İstanbullu |

**Dies betrifft alle Endungen mit i.**

|  | e/i | ö/ü | a/ı | o/u |
|---|---|---|---|---|
| Akkusativendung | -i | -ü | -ı | -u |
| Vergangenheitsendung | -di | -dü | -dı | -du |
| Ordnungszahlendung | -inci | -üncü | -ıncı | -uncu |
| Herkunftsbezeichnungs-endung | -li | -lü | -lı | -lu |

## Die Bindekonsonanten

Wenn eine mit einem Vokal beginnende Endung an ein mit einem Vokal endendes Wort angehängt wird, wird zwischen die beiden Vokale ein Bindekonsonant eingefügt. Der häufigste ist **y**. Es gibt weiterhin die Bindekonsonanten **n**, **s** und **ş**.

**araba** *Wagen* → **araba**y**ı** *den Wagen*

## Konsonantenwandel im Anlaut von Endungen

Die türkischen Konsonanten teilen sich in stimmhafte (sh) und stimmlose (sl) Konsonanten:

| **(sh)** | b | c | d | g | ğ |  | j | l | m | n | r | v | y | z |
|---|---|---|---|---|---|---|---|---|---|---|---|---|---|---|
| **(sl)** | p | ç | t |  | k | h | ş |  |  |  |  | f |  | s |

Alle Endungen, die mit **d, c** oder **g** anlauten, ändern ihren Anfangsbuchstaben in **t, ç** oder **k**, wenn sie an ein Wort angehängt werden, das mit einem stimmlosen Konsonanten endet: **tren** → **tren**d**e**  aber:  **otobüs** → **otobüs**t**e**

Im Merkwort **H**ai**F**i**SCH**o**STK**u**TSCH**e kommen alle stimmlosen Konsonanten vor.

GRAMMATIK

1

## Konsonantenwandel im Wortauslaut

Bei den meisten Substantiven, die mit den stimmlosen Konsonanten **p, ç, t, k**, nk enden, wandeln sich diese Konsonanten in ihre stimmhaften Entsprechungen **b, c, d, ğ, ng**, wenn eine mit Vokal beginnende Endung angehängt wird.

**kita**p *Buch* → **kitab**ı *sein Buch*
**umu**t *Hoffnung* → **umud**u *seine Hoffnung*

| Wortauslaut | -p | -ç | -t | -k | -nk |
|---|---|---|---|---|---|
| wird vor Vokal zu | -b- | -c- | -d- | -ğ- | -ng- |

Es gibt allerdings viele Ausnahmen zu dieser Regel. Ob ein Substantiv dem Konsonantenwandel unterliegt, kann man ihm nicht ansehen. Dies muss man für jedes Substantiv einzeln mitlernen. In Wörterbüchern gibt es daher bei Substantiven, die mit **p, ç, t** und **k** auslauten, immer eine entsprechende Angabe.

## Weitere Substantive mit lautlichen Besonderheiten

Im Türkischen gibt es zahlreiche Fremdwörter mit einem dunklen Vokal in der letzten Silbe, die entgegen der Vokalharmonie Endungen mit hellen Vokalen annehmen.

**saat** *Stunde* → **saatler** *Stunden*
**rol** *Rolle* → **roller** *Rollen*

In guten Wörterbüchern wird bei den entsprechenden Stichwörtern darauf hingewiesen.

**1**

**GRAMMATIK**

## § 3 DAS SUBSTANTIV

### Geschlecht

Im Türkischen gibt es kein grammatisches Geschlecht. Personenbezeichnungen können männliche als auch weibliche Personen bezeichnen: **öğretmen** *der Lehrer/die Lehrerin*.

### Der Artikel

*öğrenci öğen mak*

Grundsätzlich kann ein einfaches Subjekt, je nach Kontext, bestimmt oder unbestimmt sein und einen Singular oder Plural bezeichnen: **çocuk** *das Kind/ein Kind/Kinder*.

Einen bestimmten Artikel gibt es im Türkischen nicht. Als unbestimmter Artikel dient das Zahlwort **bir** *ein*. Es steht direkt vor dem Substantiv und wird nicht dekliniert. Nur das Substantiv wird dekliniert.

**bir araba** *ein Wagen*　　　　**bir arabaya** *einem Wagen*

### Die Pluralbildung

Der Plural wird gebildet, indem die Endung **-ler** (kV) an das Substantiv gehängt wird:

**ev** *Haus* → **ev**l**er** *Häuser*, **muz** *Banane* → **muz**l**ar** *Bananen*

Ein Substantiv kann auch ohne Pluralendung eine Mehrzahl bezeichnen. Die Pluralendung verweist nicht auf eine bloße Mehrzahl von Dingen, sondern auf die Verschiedenartigkeit.

**Kitap aldım.** *Ich habe ein Buch/Bücher gekauft.*
**Kitap**l**ar aldım.** *Ich habe verschiedene/vielerlei Bücher gekauft.*

## Die Deklination der Substantive

Es gibt im Türkischen sechs Fälle. Der Nominativ hat keine Endung. Alle anderen Fälle werden durch das Anhängen von Fallendungen an das Substantiv gebildet.

| Nominativ | **-** | **ev** | *das Haus* |
|-----------|-------|--------|------------|
| Genitiv | **-(n)in** (gV) | **evin** | *des Hauses* |
| Akkusativ | **-(y)i** (gV) | **evi** | *das Haus* |
| Dativ | **-(y)e** (kV) | **eve** | *(zu) dem Haus* |
| Lokativ | **-de** (kV) | **evde** | *in dem Haus* |
| Ablativ | **-den** (kV) | **evden** | *aus/von dem Haus* |

Die Konsonanten in Klammern sind Bindekonsonanten.

. . . . . . . . . . . . . . . . . . . . . . . . . . . . . . . . . . . . . . . . . . . . . . . . .

 4 **DER NOMINATIV: KIM? NE?**

Der Nominativ ist, wie im Deutschen, der Fall für das Subjekt des Satzes. Es gibt jedoch eine Besonderheit. Im Türkischen steht auch das unbestimmte direkte Objekt im Nominativ. Im Deutschen dagegen steht es im Akkusativ.

**Kubilay bir armut yedi.** *Kubilay aß eine Birne.*

Fragewörter: **kim?** *wer?* und **ne?** *was?*

**Kim** geliyer? *Wer kommt?*     **Çağdaş.** *Çağdaş.*
**Ne** istiyer? *Was will er?*     **Para.** *Geld.*

§ **5 DER LOKATIV: KIMDE? NEREDE?**

Der Lokativ wird zur Ortsangabe verwendet. Fragewörter:
**kimde?** *bei wem?* und **nerede?** *wo?*

**Ayten nerede çalışıyor?** *Wo arbeitet Ayten?*
**Ofiste.** *Im Büro.*

**Serap kimde kalıyor?** *Bei wem bleibt Serap?*
**Arkadaşlarında.** *Bei ihren Freunden.*

Außerdem wird der Lokativ auch zur Zeitangabe benutzt.

**Atatürk 1881'de doğdu.** *Atatürk wurde 1881 geboren.*
**Saat 9'da kalkıyorum.** *Ich stehe um 9 Uhr auf.*

§ **6 DER DATIV: KIME? NEYE? NEREYE?**

Der Dativ wird wie im Deutschen für das direkte Objekt ver-
wendet. Fragewort: **kime?** *wem?*

**Havva kime bir elma verdi?** *Wem gab Havva einen Apfel?*
**Adem'e.** *Adem.*

Weiterhin wird der Dativ auch für die Angabe eines Zweckes
verwendet. Fragewort: **neye?** *wozu?*

**Bu vitamin neye yaryıyor?** *Wozu dient dieses Vitamin?*
**Sağlıklı yaşamaya.** *Um gesund zu leben.*

Der Dativ ist außerdem der Richtungsfall für das Ziel einer
Bewegung oder Entwicklung. Fragewörter: **nereye?** *wohin?* und
**kime?** *zu wem?*

**Nereye** gidiyorsun? *Wohin gehst Du?*
**Izmir'e.** *Nach Izmir.*

 **7 DER ABLATIV: NEREDEN? KIMDEN?**

Der Ablativ gibt den Ausgangspunkt oder den Ursprung einer Bewegung oder Entwicklung an. Fragewörter: **nereden?** *woher?* und **kimden?** *von wem?*

**Nereden** geliyorsun? *Woher kommst du?*
**İşten.** *Von der Arbeit.*

Der Ablativ wird auch verwendet, um eine Ursache oder eine Begründung anzugeben. Fragewort: **neden?** *wieso?*

**Neden** ağlıyor? *Wieso weint er?*
**Sevinçten.** *Vor Freude.*

 **8 DER AKKUSATIV: KIMI? NEYI?**

Der Akkusativ wird im Türkischen für das bestimmte Objekt verwendet, während das unbestimmte Objekt im Nominativ steht. Fragewörter: **kimi?** *wen?* und **neyi?** *was?*

**Zeki** neyi okuyor? *Was liest Zeki?*
**Bu gazeteyi.** *Diese Zeitung.*

**1**

## § 9 DIE POSSESSIVENDUNGEN

Das Türkische hat neben den Possessivpronomen auch Possessivendungen, die an das Substantiv angehängt werden. Diese Endung reicht dann bereits aus, um eine Possessivbeziehung auszudrücken. Das Possessivpronomen kann zusätzlich zur Verdeutlichung dem Substantiv vorangestellt werden:

**(benim) arkadaşım** *mein Freund*

| Possessivpronomen | Possessivendungen |
|---|---|
| **benim** *mein* | **-(i)m (gV)** |
| **senin** *dein* | **-(i)n (gV)** |
| **onun** *sein/ihr* | **-(s)i (gV)** |
| **bizim** *unser* | **-(i)miz (gV)** |
| **sizin** *euer/Ihr* | **-(i)niz (gV)** |
| **onların** *ihr* | **-leri (kV, gV)** |

Der Anfangsvokal der Endungen für die 1. und 2. P. Sg. fällt weg, wenn die Endung an einen Vokal antritt.

Die Endung der 3. P. Sg. **-(s)i** lautet **-i** bei Substantiven, die mit einem Konsonanten enden und **-si** bei Substantiven, die mit einem Vokal enden. Hier einige Beispiele.

| | endet auf Konsonant | endet auf Vokal | Konsonantenwandel im Auslaut |
|---|---|---|---|
| **benim** | **otelim** | **kedim** | **kitabım** |
| **senin** | **otelin** | **kedin** | **kitabın** |
| **onun** | **oteli** | **kedisi** | **kitabı** |
| **bizim** | **otelimiz** | **kedimiz** | **kitabımız** |

| sizin | otel**iniz** | ked**iniz** | kitab**ınız** |
|-------|--------------|-------------|---------------|
| onlar**ın** | otel**leri** | ked**ileri** | kitap**ları** |

Liegt das Substantiv im Plural vor, so wird die Possessivendung an die Pluralendung angehängt (gV).

**kol**um *mein Arm* – **kollar**ım *meine Arme*

### Deklination der Substantive mit Possessivendung

Bei der Deklination werden die **Fall-endungen** an die **Possessivendungen** angehängt. Rechts ein Beispiel für die 1. P. Sg.

| | | |
|------|------------|-------------------|
| Nom. | **ev**im | *mein Haus* |
| Gen. | **ev**imin | *meines Hauses* |
| Akk. | **ev**imi | *mein Haus* |
| Dat. | **ev**ime | *meinem Haus* |
| Lok. | **ev**imde | *in meinem Haus* |
| Abl. | **ev**imden | *aus meinem Haus* |

§ 10 **DIE GENITIVVERBINDUNG (GENITIV 1)**

Der Genitiv drückt ein Besitz- oder Zugehörigkeitsverhältnis zwischen zwei Substantiven aus. Dabei erhält der „Besitzer" die Genitivendung **-(n)in** und der „Besitz" die Possessiven-dung der 3. P. Sg. **-(s)i**. Zwischen die beiden Substantive kann ein Adjektiv treten.

**Ender'in (yeni) evi.** *Enders (neues) Haus.*

Die Fragewörter für den Genitiv lauten: **kimin?** *(wessen?)* und **neyin?** *(von was?)*.

**1**

**Bu kimin evi?** *Wessen Haus ist das?* **Ender'in.** *Enders.*

........................................................................

§ **11 DAS POSSESSIVKOMPOSITITUM (GENITIV 2)**

Im Türkischen können, in Form eines Possessivkompositums, zwei Substantive zu einem neuen festen Begriff verschmolzen werden. Dabei schränkt das erste Wort das zweite in Bezug auf **Art** oder **Ort** ein. Das erste Substantiv steht immer im Nominativ, das zweite trägt die Possessivendung der 3. P.

**elma** *Apfel* + **çay** *Tee* → **elma çayı** *Apfeltee*

........................................................................

§ **12 DAS ADJEKTIV**

Wenn es als Attribut gebraucht wird, steht das Adjektiv **vor** dem Substantiv und bleibt immer unverändert. Dekliniert wird nur das Substantiv.

|      | *das große Haus* | *die großen Häuser* |
|------|------------------|---------------------|
| Nom. | büyük ev         | büyük evler         |
| Gen. | büyük ev**in**   | büyük evler**in**   |
| Akk. | büyük ev**i**    | büyük evler**i**    |
| Dat. | büyük ev**e**    | büyük evler**e**    |
| Lok. | büyük ev**de**   | büyük evler**de**   |
| Abl. | büyük ev**den**  | büyük evler**den**  |

Der unbestimmte Artikel **bir** steht in der Regel **zwischen** dem Adjektiv und dem Subjekt:
**Büyük bir ev.** *Ein großes Haus.*

Demonstrativpronomen stehen hingegen **vor** dem Adjektiv:
**Bu büyük ev.** *Dieses große Haus.*

Wenn das Adjektiv prädikativ gebraucht wird, steht es **hinter** dem Substantiv, auf das es sich bezieht. Zur **Verneinung** wird das Verneinungswort **değil** (*nicht/kein*) an das Adjektiv angehängt.
**Ev büyük (değil).** *Das Haus ist (nicht) groß.*

§ 13 **DIE STEIGERUNG DES ADJEKTIVS**

Die Steigerung der Adjektive erfolgt im Türkischen, indem dem Adjektiv für den Komparativ die Partikel **daha** und für den Superlativ die Partikel **en** vorangestellt wird. Es gibt keine unregelmäßigen Steigerungsformen.

**güzel** *schön* – **daha güzel** *schöner* – **en güzel** *am schönsten*

§ 14 **VERGLEICHSSÄTZE**

In Vergleichssätzen hat das Wort, mit dem verglichen wird, die Ablativendung **-den** und steht direkt vor dem Adjektiv. In Vergleichssätzen kann **daha** weggelassen werden. Verwendet man die Partikel doch, dient sie zur Hervorhebung und bedeutet in diesem Fall *noch*.
Ein Wort wie das deutsche *als* gibt es nicht.

**İstanbul İzmir'den (daha) büyük.** *Istanbul ist größer als Izmir.*

# Grammatik

## § 15 DIE ZAHLWÖRTER

### Die Grundzahlen

| | | | | | |
|---|---|---|---|---|---|
| **0** | sıfır | **11** | on bir | **30** | otuz |
| **1** | bir | **12** | on iki | **40** | kırk |
| **2** | iki | **13** | on üç | **50** | elli |
| **3** | üç | **14** | on dört | **60** | altmış |
| **4** | dört | **15** | on beş | **70** | yetmiş |
| **5** | beş | **16** | on altı | **80** | seksen |
| **6** | altı | **17** | on yedi | **90** | doksan |
| **7** | yedi | **18** | on sekiz | **100** | yüz |
| **8** | sekiz | **19** | on dokuz | **1000** | bin |
| **9** | dokuz | **20** | yirmi | **10.000** | on bin |
| **10** | on | **21** | yirmi bir | **100.000** | yüz bin |

Bei der Bildung der Zahlen gibt es keine Bindewörter. Es werden nacheinander die Grundzahlen angeführt, aus denen die Zahl besteht. Ab dem Hunderterbereich wird zunächst die „Anzahl" der Hundert, Tausend, Million etc. angeführt. Danach geht es chronologisch weiter.

**222 = (2 x 100) + 20 + 2 → iki yüz yirmi iki**

### Die Ordnungszahlen

Die Ordnungszahlen werden gebildet, indem die Endung **-(i)nci** (gV) an die Grundzahl angehängt wird. Der Anfangsvokal der Endung fällt weg, wenn die Grundzahl mit einem Vokal endet. Bei der Schreibung mit Ziffern wird die Endung mit einem Apostroph von der Ziffer abgetrennt.

**1.** = bir**inci** – 1'**inci**          **6.** = alt**ıncı** – 6'**ncı**

Bei zusammengesetzten Zahlen wird die Endung **–(i)nci** an die letzte Zahl angefügt: **iki yüz on iki**nci *hundertzwölfter*.

**Jahreszahl- und Datumsangaben**

Jahreszahlen werden mit Grundzahlen angegeben.

1999 - **bin dokuz yüz doksan dokuz**     2010 - **iki bin on**

Jahreszahlen werden oft mit dem Wort **yıl** oder **sene** *(Jahr)* in Form eines Possessivkompositums (§11) kombiniert: **2010 yılı/senesi** *Das Jahr 2010*

Das Datum kann einfach mit den Grundzahlen angegeben werden: **3.3.2005'te - üç üç iki bin beşte** *am 3.3.2005*

. . . . . . . . . . . . . . . . . . . . . . . . . . . . . . . . . . . . . . . . . . . . . . . . . . . . . . . .

 **16  DIE UHRZEIT**

**Saat kaç? – Wie viel Uhr ist es?**

Die einfachste Art, auf die Frage **Saat kaç?** *Wie viel Uhr ist es?* zu antworten, ist das Nennen der Stunden- und Minutenzahl. In der Umgangssprache wird **saat** meist weggelassen.

**(Saat) 3 – (Saat) üç** *3 Uhr*
**(Saat) 3.20 – (Saat) üç yirmi** *3 Uhr 20*

Eine schwierigere, aber gebräuchliche Art der Zeitangabe erfolgt ab einer halben Stunde bis zur nächsten vollen Stunde folgendermaßen: **13.50 - ikiye on var** (wörtl. *bis zwei gibt es zehn*).

**1**

| nächste volle Stunde + Dativendung **-(y)e** | fehlende Minuten-anzahl bis dahin | **var** |
|---|---|---|
| İki**ye** | **on** | **var** |

Ab einer vollen Stunde heißt es dann: **14.10 - ikiyi on geçiyor** (wörtl. *zehn gehen an zwei vorbei*).

| letzte volle Stunde + Akkusativendung **-(y)i** | seitdem vergangene Minutenanzahl | **geçiyor** |
|---|---|---|
| İkiy**i** | **on** | **geçiyor** |

- Für eine **Viertelstunde** wird das Wort **çeyrek** *viertel* verwendet.
  **13.45 - ikiye çeyrek var**   **14.15 – ikiyi çeyrek geçiyor**

- Für **halbe Stunden** kann auch das Wort **buçuk** *halb* verwendet werden. Dabei wird eine halbe Stunde zur vollen Stunde dazu gezählt: **10.30 – on buçuk** *halb zehn*

Einen Spezialfall bildet **12.30 – yarım** *halb*

**Buçuk** verwendet man bei den Uhrzeiten nur mit den Zahlen 1 – 11. 13.30 Uhr heißt somit NICHT **on üç buçuk** sondern **bir buçuk** oder **on üç otuz**.

**Saat kaçta? – Um wie viel Uhr?**

Mit der Frage **Saat kaçta?** *Um wie viel Uhr?* oder auch **Ne zaman?** *Wann?* fragt man nach einem Zeitpunkt. Am einfachsten antwortet man mit dem Lokativ.

**Saat 8'de – Saat sekizde**
**Saat 8.30'da – Saat sekiz otuzda**

Eine schwierigere, aber gebräuchliche Art der Zeitangabe erfolgt ab einer halben Stunde bis zur nächsten vollen Stunde folgendermaßen: **13.50 - ikiye on kala.**

| nächste volle Stunde + Dativendung **-(y)e** | fehlende Minuten- anzahl bis dahin | **kala** |
|---|---|---|
| **İki**y**e** | **on** | **kala** |

Ab einer vollen Stunde heißt es dann: **14.10 - ikiyi on geçe.**

| letzte volle Stunde + Akkusativendung **-(y)i** | seitdem vergangene Minutenanzahl | **geçe** |
|---|---|---|
| **İki**y**i** | **on** | **geçe** |

Für halbe und volle Stunden erfolgt die Zeitangabe im Lokativ.

**12.30 – saat yarımda**    **13.30 – saat bir buçukta**

. . . . . . . . . . . . . . . . . . . . . . . . . . . . . . . . . . . . . . .

 17  **DIE PERSONALPRONOMEN**

| Die Personalpronomen lauten: | | Hier ein Deklinationsbeispiel für die 1. P. Sg. und Pl. | | |
|---|---|---|---|---|
| **ben** | *ich* | Nom. | **ben** | *ich* |
| **sen** | *du* | Gen. | **ben**im | *mein* |
| **o** | *er/sie/es* | Akk. | **ben**i | *mich* |
| **biz** | *wir* | Dat. | **ban**a | *(zu) mir* |
| **siz** | *ihr/Sie* | Lok. | **ben**de | *bei mir* |
| **onlar** | *sie* | Abl. | **ben**den | *von mir* |

**1**

Die übrigen Personalpronomen lauten in der Reihenfolge Nominativ, Genitiv, Akkusativ, Dativ, Lokativ und Ablativ.

**sen, sen**in**, sen**i**, san**a**, sen**de**, sen**den

**o, o**nun**, o**nu**, o**na**, o**nda**, o**ndan

**biz, biz**im**, biz**i**, biz**e**, biz**de**, biz**den

**siz, siz**in**, siz**i**, siz**e**, siz**de**, siz**den

**onlar, onlar**ın**, onlar**ı**, onlar**a**, onlar**da**, onlar**dan

Beachten Sie die Unregelmäßigkeit im Dativ bei **ben** und **sen**.

§ **18 DIE DEMONSTRATIVPRONOMEN**

Im Türkischen gibt es drei Demonstrativpronomen, die substantivisch oder adjektivisch gebraucht werden. Sie unterscheiden sich voneinander in der Distanz, in der sich der Sprecher zu dem/der von ihnen bezeichneten Gegenstand/Person befindet.

**bu**     *der/die/das hier; diese(r)/dieses*

**şu**     *der/die/das da; diese(r)/dieses*

**o**      *der/die/das dort; jene(r)/jenes*

Dabei ist **bu** am nächsten zum Sprecher, **şu** ist schon ein wenig weiter und **o** am weitesten vom Sprecher entfernt.

Im adjektivischen Gebrauch stehen sie unverändert vor ihrem Bezugswort: **bu ev** *dieses Haus*

Im substantivischen Gebrauch werden sie dekliniert und haben auch Pluralformen. Beim Antritt von Fall- und Pluralendungen wird der Wortstamm des Pronomens durch das pronominale **n** erweitert. Rechts das Beispiel für **bu**:

|  | Singular | Plural |
|------|----------|-----------|
| Nom. | **bu** | **bunlar** |
| Gen. | **bunun** | **bunların** |
| Akk. | **bunu** | **bunları** |
| Dat. | **buna** | **bunlara** |
| Lok. | **bunda** | **bunlarda** |
| Abl. | **bundan** | **bunlardan** |

§ 19 **FRAGEPRONOMEN UND FRAGEPARTIKEL "MI"**

• **Kim?** *Wer?*

Das Fragepronomen **kim** wird regelmäßig dekliniert.

|  |  |  |
|------|--------------|--------------|
| Nom. | **kim?** | *wer?* |
| Gen. | **kimin?** | *wessen?* |
| Akk. | **kimi?** | *wen?* |
| Dat. | **kime?** | *(zu) wem?* |
| Lok. | **kimde?** | *bei wem?* |
| Abl. | **kimden?** | *von wem?* |

**Kim** kann auch eine Pluralform erhalten: **kimler**.
**Kim**/**kimler** geldi? *Wer ist (alles) gekommen?*

• **Ne?** *Was?*

| | | |
|---|---|---|
| Bei der Deklination des Fragepronomens **ne** wird der Bindekonsonant **y** verwendet. | Nom. | **ne?** | *was?* |
| | Gen. | **ne**y**in?** | *von was?* |
| | Akk. | **ne**y**i?** | *was?* |
| | Dat. | **ne**y**e?** | *(zu) was?* |
| | Lok. | **ne**y**de?** | *bei was?* |
| | Abl. | **ne**y**den?** | *von was?* |

Wie **kim?** kann auch **ne?** eine Pluralfrom erhalten: **neler?**

**Ne** dedin? *Was hast du gesagt?*
**Neler** aldın? *Was hast du (alles) eingekauft?*

• **Hangi(si)?** *Welche(r)?/welches?*

Wird das Fragewort **hangi** adjektivisch gebraucht, steht es unverändert vor dem Bezugswort.

**Hangi kravat daha güzel?** *Welche Krawatte ist schöner?*

**Hangi** kann die Possessivendung der 3. P. **-si** erhalten und wird dann substantivisch gebraucht.

**Hangisi?** *Welcher von ihnen?*

Infolge der Possessivendung erscheint bei der Deklination das pronominale **n**:

**Hangisini almak istiyorsun?** *Welches möchtest du kaufen?*

## Weitere Fragepronomen

| | | | |
|---|---|---|---|
| **nerede?** | *wo?* | **ne kadar?** | *wie viel? (bei Preisan-* |
| **nereden?** | *woher?* | **kaça?** | *gaben)* |
| **nereye?** | *wohin?* | **kaç?** | *wie viel?* |
| **ne zaman?** | *wann?* | **kaçıncı?** | *der/die/das wievielte?* |
| **nasıl?** | *wie?* | **neden?** | *warum?* |

## Die Fragepartikel „mi"

Im Türkischen ist die Wortstellung bei Aussage- und Frage-sätzen dieselbe. Fragesätze unterscheiden sich nur durch das Fragewort. Bei Entscheidungsfragen, die mit *ja* oder *nein* zu beantworten sind, gibt es kein Fragewort. Dafür signalisiert die Fragepartikel **mi**, dass nach *ja* oder *nein* gefragt wird. Sie wird immer vom vorangehenden Wort getrennt geschrieben und variiert wie eine Endung nach der großen Vokalharmonie. Die Partikel **mi** steht in den meisten Zeiten/Modi nach der Zeit- bzw. Modusendung. Die Personalendungen werden dann an **mi** angehängt.

Ausnahme! In der 3. P. Pl. kommt **mi** nach **–ler**.

| Verb-stamm | Zeit-/ Modus-endung | Frage-partikel | Personal-endung | |
|---|---|---|---|---|
| **gel** | **-iyor** | **mu** | **-sun** | **geliyor musun?** *kommst du?* |
| **gel** | **-iyor** | **-lar** | **mı** | **geliyorlar mı?** *kommen sie?* |

# Grammatik

## § 20 LOKALADVERBIEN

Lokaladverbien geben Auskunft auf die Fragen *wohin? wo?*
und *woher?* Diese Fragewörter werden im Türkischen aus dem
Fragewort **nere?** *welcher Ort?* gebildet, dem die Endungen
der türkischen Ortsfälle Dativ, Lokativ und Ablativ angehängt
werden.

**nere**ye**?** *wohin?*    **nere**de**?** *wo?*    **nere**den**?** *woher?*

- Aus den Substantiven **bura** *dieser Ort hier*, **şura** *der Ort da
  drüben* und **ora** *der Ort dort* werden durch Anhängen von
  Endungen adverbial gebrauchte Substantive.

**bura**ya *hierher*, **şura**ya *dahin*, **ora**ya *dorthin*
**bura**da *hier*, **şura**da *da*, **ora**da *dort*
**bura**dan *von hier*, **şura**dan *von da*, **ora**dan *von dort*

- Die Adverbien **içeri** *hinein*, **dışarı** *hinaus*, **aşağı** *hinunter*
  und **yukarı** *hinauf* werden meist substantivisch verwendet,
  indem sie Dativ-, Lokativ- und Ablativendungen erhalten.

**içeri**ye, **dışarı**ya, **aşağı**ya, **yukarı**ya
*hinein, hinaus, hinunter, hinauf*
**içeri**de, **dışarı**da, **aşağı**da, **yukarı**da
*drinnen, draußen, unten, oben*
**içeri**den, **dışarı**dan, **aşağı**dan, **yukarı**dan
*von drinnen, von draußen, von unten, von oben*

- Zur Wiedergabe von *links* und *rechts* werden die Substan-
  tive **sağ** *rechte Seite* und **sol** *linke Seite* mit Dativ-, Lokativ-
  und Ablativendungen versehen.

**sağa/sola** *nach rechts/nach links*
**sağda/solda** *rechts/links*
**sağdan/soldan** *von rechts/von links*

- Die Ortsbereichssubstantive wie **ön** *vorderer Bereich* und **arka** *hinterer Bereich* werden durch Dativ-, Lokativ- und Ablativendungen zu allgemeinen adverbialen Bestimmungen.

**öne/arkaya** *nach vorne/nach hinten*
**önde/arkada** *vorne/hinten*
**önden/arkadan** *von vorne/von hinten*

- Ebenso **her yer** *jeder Ort*, **bir yer** *irgendein Ort* und **hiçbir yer** *gar kein Ort*.

**her/bir/hiçbir yere** *überallhin, irgendwohin, nirgendwohin*
**her/bir/hiçbir yerde** *überall, irgendwo, nirgendwo*
**her/bir/hiçbir yerden** *von überallher, von irgendwoher, von nirgendwoher*

§ 21 **TEMPORALADVERBIEN**

**Adverbien für vergangene Ereignisse**

| | |
|---|---|
| **o zamanlar** | *damals* |
| **eskiden** | *früher* |
| **geçenlerde** | *kürzlich* |
| **biraz önce** | *eben* |

# Grammatik

## Adverbien für gegenwärtige Ereignisse:

| | |
|---|---|
| **şu anda** | *eben* |
| **şimdi** | *jetzt* |
| **bugün** | *heute* |

**bu sabah** *heute Morgen*, **bugün öğleyin** *heute Mittag*, **bugün öğleden sonra** *heute Nachmittag*, **bugün akşam** *heute Abend*, **bu gece** *heute Nacht*, **bu günlerde** *heutzutage*

## Adverbien für zukünftige Ereignisse

| | |
|---|---|
| **birazdan/yakında** | *bald* |
| **hemen** | *gleich/sofort* |
| **yarın** | *morgen* |
| **sonra** | *später* |

**yarın sabah** *morgen früh*, **yarın öğleyin** *morgen Mittag*, **yarın akşam** *morgen Abend* ...

## Adverbien, die ein Verhältnis zu einem anderen Zeitpunkt ausdrücken.

| | |
|---|---|
| **önce ... sonra** | *zuerst ... dann* |
| **sonra** | *dann* |
| **ondan sonra** | *danach* |

## Adverbien, die Häufigkeit und Wiederholung ausdrücken.

| | |
|---|---|
| **asla** | *nie* |
| **bazen** | *manchmal* |
| **her zaman/hep** | *immer* |
| **bir defa, iki defa ...** | *einmal, zweimal ...* |
| **tekrar** | *wieder* |

**her gün**          *jeden Tag*
**salı günleri**          *dienstags*
**sabahları** *morgens,* **öğlenleri** *mittags,* **akşamları** *abends,*
**geceleri** *nachts*

**Adverbien, die Augenblick und Dauer ausdrücken.**

**erken**          *früh*
**geç**          *spät*
**saatlerce** *stundenlang,* **günlerce** *tagelang,* **haftalarca**
*wochenlang,* **aylarca** *monatelang,* **yıllarca** *jahrelang*

. . . . . . . . . . . . . . . . . . . . . . . . . . . . . . . . . . . . . . .

§ 22 **DAS PRÄSENS**

### Der Gebrauch des Präsens

Das Präsens wird gebraucht:

- für aktuelle Ereignisse

- für Ereignisse, die sich über einen längeren Zeitraum stre-
  cken, auch wenn sie zum gegenwärtigen Zeitpunkt nicht
  stattfinden:
  **Kaan her gün spor yapıyor.**     *Kaan treibt jeden Tag Sport.*

- in Verbindung mit adverbialen Zeitangaben auch für zu-
  künftige Ereignisse:
  **Barış yarın geliyor.**     *Barış kommt morgen.*

### Verbstamm und Infinitv

Der Infinitiv eines türkischen Verbs besteht aus dem Verbstamm
und der **Infinitivendung -mek** (kV): **gel-mek, al-mak.**

**1**

Die meisten Verbformen werden gebildet, indem den Verbstamm Endungen angehängt werden. Dabei bleibt der Verbstamm unverändert. Nur die Verben **gitmek** (*gehen*), **etmek** (*machen*), **tatmak** (*probieren*) und **seyretmek** (*ansehen*) wandeln das auslautende **t** des Verbstamms in ein **d** um.

**git**mek → **gid**iyorum

Die **Präsensendung** lautet **-iyor**. Deshalb spricht man auch von der **yor-Gegenwart**. Der Anfangskonsonant richtet sich nach der (gV). Es werden die Personalendungen des 1. Typs angefügt.

**bil-mek** (*wissen*):

| positive Aussage | positive Frage | negative Aussage | negative Frage |
|---|---|---|---|
| **biliyorum** *ich weiß* | **biliyor muyum?** *weiß ich?* | **bilmiyorum** *ich weiß nicht* | **bilmiyor muyum?** *weiß ich nicht?* |
| **biliyorsun** | **biliyor musun?** | **bilmiyorsun** | **bilmiyor musun?** |
| **biliyor** | **biliyor mu?** | **bilmiyor** | **bilmiyor mu?** |
| **biliyoruz** | **biliyor muyuz?** | **bilmiyoruz** | **bilmiyor muyuz?** |
| **biliyorsunuz** | **biliyor musunuz?** | **bilmiyorsunuz** | **bilmiyor musunuz?** |
| **biliyorlar** | **biliyorlar mı?** | **bilmiyorlar** | **bilmiyorlar mı?** |

## Positive Aussage

Die Präsensendung **-iyor** ist eine der wenigen Endungen, die nicht der Vokalharmonie unterworfen ist. Es verändert sich nur der Anfangsvokal der Endung, **-yor** bleibt unverändert:

Verbstamm + Präsensendung **-iyor** + Personalendung

**gel-iyor** *er kommt*    **gör-üyor** *er sieht*

Wenn die Endung **-iyor** an einen Verbstamm tritt, der auf einen Vokal endet, entfällt dieser:

**yürümek → yürü̶-üyor → yürüyor**

Besonders zu merken sind:

**yemek → yiyor**    **demek → diyor**

## Negative Aussage

Im Präsens wird das **e** oder **a** der Negationsendung **-me** durch das **i** (oder **ü, ı, u**) der Endung **–iyor** ersetzt.

Verbstamm + Negationsendung **-m** + **-iyor** + Personalendung

**anlamamak** *nicht verstehen*    **anlamıyorum** *ich verstehe nicht*

**dememek** *nicht sagen*    **demiyorum** *ich sage nicht*

## Frageform

Bei der Bildung von Entscheidungsfragen folgt die Fragepartikel **mi** der Präsensendung. Sie gleicht sich vokalharmonisch an die vorangehende Silbe **-yor** an und wird zu **mu**. Daran wird die Personalendung angehängt. Nur in der 3. P. Pl. kommt **mi** nach der Pluralendung **-ler**.

**Positive Frage**

Verbstamm + **-iyor** + **mi** + Personalendung

**Anlıyor musun?** *Verstehst du?*   **Anlıyorlar mı?** *Verstehen sie?*

**Negative Frage**

Verbstamm + **-m** + **-iyor** + **mi** + Personalendung

**Anlamıyor musun?** *Verstehst du nicht?*
**Anlamıyorlar mı?** *Verstehen sie nicht?*

. . . . . . . . . . . . . . . . . . . . . . . . . . . . . . . . . . . . . . . . . . . . . . . . .

## § 23 DIE DI-VERGANGENHEIT

### Der Gebrauch der di-Vergangenheit

Die **di-Vergangenheit** wird gebraucht für:

- abgeschlossene Ereignisse in der Vergangenheit

Ins Deutsche wird die **di-Vergangenheit** je nach Kontext mit dem Perfekt (*hat gesagt*) oder dem **Präteritum** (*sagte*) übersetzt.

**de-mek** (*sagen*):

| positive Aussage | positive Frage | negative Aussage | negative Frage |
|---|---|---|---|
| **dedim** | **dedim mi?** | **demedim** | **demedim mi?** |
| *ich sagte* | *sagte ich?* | *ich sagte nicht* | *sagte ich?* |
| **dedin** | **dedin mi?** | **demedin** | **demedin mi?** |
| **dedi** | **dedi mi?** | **demedi** | **demedi mi?** |
| **dedik** | **dedik mi?** | **demedik** | **demedik mi?** |
| **dediniz** | **dediniz mi?** | **demediniz** | **demediniz mi?** |
| **dediler** | **dediler mi?** | **demediler** | **demediler mi ?** |

## Positive Aussage

Verbstamm + **-di** + Personalendung

**gel-mek** *kommen* → **Hemen geldim.** *Ich kam sofort.*

Nach stimmlosen Konsonanten wird das anlautende **d** der Vergangenheitsendung zu **t**:

**git-mek** *gehen* → **Eve gittim.** *Ich ging nach Hause.*

## Negative Aussage

Verbstamm + **-me** + **-di** + Personalendung

**gelmemek** *nicht kommen* → **Gelmedim.** *Ich kam nicht.*

### Frageform

Die Fragepartikel **mi** steht bei der **di-Vergangenheit** ganz am Ende des Verbs, hinter den Personalendungen.

**Positive Frage**

Verbstamm + **-di** + Personalendung + **mi**

**Geldiler mi?** *Kamen sie?*

**Negative Frage**

Verbstamm + **-me** + **-di** + Personalendung + **mi**

**Gelmediler mi?** *Kamen sie nicht?*

§ 24 **DAS FUTUR**

### Der Gebrauch des Futurs

Das Futur wird gebraucht für:

* zukünftige Ereignisse
  **Esra yarın gelecek.** *Esra wird morgen kommen.*

* den Ausdruck einer Vermutung
  **Yarın hava güzel olacak.** *Morgen wird das Wetter schön.*

- den Ausdruck von *wollen* und *sollen*
  **Oraya gidecek miyim?** *Soll ich dort hingehen?*

**gel-mek** (*kommen*):

| positive Aussage | positive Frage | negative Aussage | negative Frage |
|---|---|---|---|
| **geleceğim** *ich werde kommen* | **gelecek miyim?** *werde ich kommen?* | **gelmeyeceğim** *ich werde nicht kommen* | **gelmeyecek miyim?** *werde ich nicht kommen?* |
| **geleceksin** | **gelecek misin?** | **gelmeyeceksin** | **gelmeyecek misin?** |
| **gelecek** | **gelecek mi?** | **gelmeyecek** | **gelmeyecek mi?** |
| **geleceğiz** | **gelecek miyiz?** | **gelmeyeceğiz** | **gelmeyecek miyiz?** |
| **geleceksiniz** | **gelecek misiniz?** | **gelmeyeceksiniz** | **gelmeyecek misiniz?** |
| **gelecekler** | **gelecekler mi?** | **gelmeyecekler** | **gelmeyecekler mi?** |

## Positive Aussage

Verbstamm + Futurendung **-(y)ecek** + Personalendung

**ver-mek** *geben* → **vereceksin** *du wirst geben*

Bei Verbstämmen, die auf einen Vokal enden, tritt der Bindekonsonant **y** auf.

# Grammatik

**ara-mak → arayacaksın**    *du wirst anrufen*

In der 1. P. Sg. und Pl. wird das auslautende **k** von **-(y)ecek** wird zu **ğ**, da eine vokalisch anlautende Endung antritt.

**ver-me**k *geben* → **verece**ğ**im** *du wirst geben*
**ver-me**k *geben* → **verece**ğ**iz** *wir werden geben*

## Negative Aussage

Verbstamm + Negationsendung **-me** + Futurendung **-yecek** + Personalendung

**gelmeyeceksin** *du wirst nicht kommen*

## Frageform

### Positive Frage

Verbstamm + **-(y)ecek** + **mi** + Personalendung

**Partiye gelecek misin?** *Wirst du zur Party kommen?*

### Negative Frage

Verbstamm + **-me** + **-yecek** + **mi** + Personalendung

**Partiye gelmeyecek misin?** *Wirst du nicht zur Party kommen?*

## § 25 DER IMPERATIV

### Positiv

In der Du-Anrede besteht der Imperativ aus dem reinen Verbstamm: **konuş-mak → Konuş!** *Sprich!*

Im Plural bzw. in der Höflichkeitsform tritt die Endung **-(y)in** (gV) oder **-(y)iniz** direkt an den Verbstamm.

**Konuşun!/ Konuşunuz!** *Sprecht! Sprechen Sie!*

Beide Formen werden dabei sowohl für die gewöhnliche Anrede (ihr) als auch für die höfliche Anrede (Sie) verwendet. Die Langform **-(y)iniz** ist formeller.

### Negativ

Der verneinte Imperativ ist in der Du-Anrede der verneinte Verbstamm + die Negationsendung **-me**.

**Konuşma!** *Sprich nicht!*

Im Plural bzw. in der Höflichkeitsform werden daran die Endungen mit dem Bindekonsonant **y** angehängt.

**Konuşmayın!/ Konuşmayınız!** *Sprecht/Sprechen Sie nicht!*

## § 26 DER VOLUNTATIV

Die Aufforderungsform **Voluntativ** wird in der **1. P. Sg.** verwendet, wenn der Sprecher sagt, was er gerade **spontan tun möchte** bzw. **fragt ob es gut ist, etwas zu tun**. Am besten lässt

sich diese Form mit dem deutschen „**ich will mal …**" bzw. „ …
**lieber nicht**" in der Verneinung übersetzen. Die Endung lautet
**-(y)eyim** (kV).

**Gid**e**yim/Gitme**y**eyim.**
*Ich will mal gehen/Ich gehe lieber nicht.*
**Gid**e**yim** mi?/**Gitme**y**eyim** mi?
*Soll ich gehen/Soll ich (lieber) nicht gehen?*

In der **1. P. Pl.** richtet der Sprecher **an andere eine spontane
Aufforderung, gemeinsam etwas zu tun** bzw. **fragt er danach,
was sie davon halten, etwas Bestimmtes gemeinsam zu tun.**
Die Endung lautet **-(y)elim** (kV).

**gid**el**im/gitme**y**elim** *lasst uns gehen/nicht gehen.*
**gid**el**im** mi?/**gitme**y**elim** mi? *wollen wir gehen/nicht gehen?*

· · · · · · · · · · · · · · · · · · · · · · · · · · · · · · · · · · · · · · · · · · · · · · · · · · · · ·

§ 27 **DAS VERB „SEIN"**

Das Türkische kennt kein Verb für *sein*. Als Hilfskonstruktion
verwendet man daher in der Grammatik **imek** für *sein*, auch
wenn es diese Form in der tatsächlichen Sprache nicht gibt.

An **i-**, den angenommenen Verbstamm von **imek** können nur
drei Endungen treten: Die Vergangenheitsendung **-di**, die Ver-
gangenheitsendung **-miş** und die Konditionalendung **-se**. An
diese Endungen treten die jeweiligen Personalendungen an.

Im Präsens wird *sein* nur durch die bloßen Personalendungen
ausgedrückt. Diese werden direkt an das Prädikat angehängt.

|        | Präsens    | di-Vergangenheit |
|--------|------------|------------------|
| ben    | -(y)im     | idim             |
| sen    | -sin       | idin             |
| o      | -          | idi              |
| biz    | -(y)iz     | idik             |
| siz    | -siniz     | idiniz           |
| onlar  | -ler       | idiler           |

Diese konjugierten Formen von **imek** stehen immer hinter dem Wort. Das kann ein Substantiv, Adjektiv oder ein Pronomen sein. Hier ein Beispiel für die 1. P. Sg. Präsens:

Positive Aussage: **Güzelim.** *Ich bin schön.*
Positive Frage: **Güzel miyim?** *Bin ich schön?*

Auch in der **di-Vergangenheit** fällt in der Alltagssprache das **i-** (Verbstamm von **imek**) ganz weg, sodass nur noch die Endungen mit **-di** mit den **Personalendungen** übrig bleiben.

Die Formen von **imek** werden somit vollständig zu Endungen, die der Vokalharmonie unterliegen

Positive Aussage: **Güzeldim.** *Ich war schön.*
Positive Frage: **Güzel miydim?** *War ich schön?*

Das anlautende **d** von **-di** wird nach stimmlosen Konsonanten zu **t**: **Araba bozuktu.** *Das Auto war kaputt.*

**Verneinung**

Auch die Verneinung ist im Gegensatz zu anderen Verben anders. Hier wird nicht die Negationsendung **-me** gebraucht, sondern das Wort **değil** *nicht*. Dabei steht **değil** nach dem Prädikativ; die Endungsformen von **imek** werden an **değil** angehängt.

Negative Aussage: **Güzel değilim.** *Ich bin nicht schön.*
Negative Aussage: **Güzel değildim.** *Ich war nicht schön.*

Negative Frage: **Güzel değil miyim?** *Bin ich nicht schön?*
Negative Frage: **Güzel değil miydim?** *War ich nicht schön?*

### Fragebildung

Wie Sie anhand der eben genannten Beispiele sehen können, werden Fragen mit der Fragepartikel **mi** gebildet. Dabei werden die Endungsformen von **imek** direkt an **mi** angehängt. Bei der negativen Frage kommt die Fragepartikel **mi** mit der angehängten Personalendung nach **değil**.

. . . . . . . . . . . . . . . . . . . . . . . . . . . . . . . . . . . . . . . . . . . . . . . . . . . . . . .

### § 28 WORTBILDUNG

Neue Wörter werden im Türkischen mithilfe zahlreicher Wortbildungsendungen gebildet. Im Folgenden sehen Sie die wichtigsten im Überblick.

- **-li** (gV):

An Orts- und Ländernamen gibt **-li** die **Herkunft** an.

**Nerelisin?** *Woher stammst du?* **Berlinliyim.** *Aus Berlin.*

- **-li** (gV) und **-siz**

Im Türkischen gibt es keine Wörter für *mit* und *ohne*. Stattdessen werden die Endungen **-li** *mit* und **-siz** *ohne* an ein Substantiv gehängt und machen daraus ein Adjektiv.

**şeker** *Zucker* + **li** *mit* → **şekerli** *gezuckert*
**yağ** *fett* + **sız** *ohne* → **yağsız** *fettarm*

- **-lik** (gV)

Die Endung **-lik** wird an Adjektive gehängt und bildet Eigenschaften in substantivischer Form.

**güzel** *schön* – **güzellik** *Schönheit*
**aptal** *dumm* – **aptallık** *Dummheit*

- **-ci** (gV)

Mit der Endung **–ci** können aus Substantiven Berufsbezeichnungen gebildet werden.

**gazete** *Zeitung* – **gazeteci** *Journalist/in*
**kitap** *Buch* – **kitapçı** *Buchhändler/in*

- **-ci** (gV) + **-lik** (gV)

Weitere Berufsbezeichnungen/Branchen können durch die Kombination von **-ci** und **-lik** gebildet werden.

**gazetecilik** - *Journalismus*

**1**

## § 29 DIE POSTPOSITION „ILE"

Die Postposition **ile** antwortet auf die Fragen **kimin ile?** *mit wem?* und **ne ile?** *mit was?* In der Alltagssprache verwendet man die Form **-(y)le**, die einfach an das Bezugswort angehängt wird (kV). Das **y** taucht dabei nur nach einem Vokal auf.

Handelt es sich bei dem Bezugswort der Postposition um ein Substantiv, steht es im Nominativ.

**kimin ile?/ kiminle?** *mit wem?*    **Murat ile** *mit Murat*
**ne ile?/neyle?** *mit was?*    **uçak ile** *mit dem Flugzeug*

Handelt es sich bei dem Bezugswort um ein Pronomen, so steht es im Genitiv:

**onun ile/onunla** *mit ihm*
**bunun ile/bununla** *damit*

okul schule
öğrenci lernender
öğretmen lehrender
ders lernaufgabender

# Wortverzeichnis

ABC **VERBEN**

| | |
|---|---|
| **açmak** | öffnen; (in Zusammenhang mit Wetter) aufklaren |
| **affetmek** | entschuldigen |
| **alışveriş etmek** | einkaufen |
| **almak** | akzeptieren, nehmen; bekommen, |
| **anlamak** | verstehen |
| **aramak** | suchen; telefonieren |
| **ayırmak** | buchen |
| **ayırtmak** | buchen lassen |
| **ayrılmak** | (sich) trennen |
| **bayılmak** | ohnmächtig werden |
| **bilmek** | können; wissen |
| **binmek** | einsteigen |
| **bırakmak** | lassen |
| **bozulmak** | kaputt gehen |
| **buluşmak** | (sich) treffen |
| **çakmak** | einschlagen |
| **çalışmak** | arbeiten |
| **çıkmak** | herauskommen; herausgehen |
| **değiştirmek** | ändern, umtauschen |
| **denemek** | anprobieren, versuchen |
| **dinlemek** | hören |
| **dinlenmek** | sich ausruhen |
| **eğlenmek** | sich amüsieren |
| **etmek** | machen |
| **fotokopi çekmek** | fotokopieren |
| **geçirmek** | verbringen |
| **geçmek** | vorbeigehen an |

| | |
|---|---|
| **gelmek** | kommen |
| **getirmek** | bringen |
| **gezmek** | reisen |
| **görüşmek** | (sich) treffen;(auch: am Telefon miteinander sprechen) |
| **gürlemek** | donnern |
| **hoşuna gitmek** | gefallen |
| **içmek** | trinken |
| **inmek** | aussteigen |
| **istemek** | möchten, wollen |
| **kalkmak** | aufstehen; losgehen |
| **kalmak** | bleiben |
| **kapatmak** | schließen |
| **kaybetmek** | verlieren |
| **kaydetmek** | speichern |
| **kesmek** | (aus)schneiden |
| **konuşmak** | sprechen |
| **kopyalamak** | kopieren |
| **koşmak** | laufen, rennen |
| **kullanmak** | benutzen |
| **not etmek** | notieren |
| **ödemek** | bezahlen |
| **öğrenmek** | lernen |
| **okumak** | lesen |
| **olmak** | sein |
| **oturmak** | setzen; sitzen; wohnen |
| **oynamak** | spielen |
| **pişirmek** | kochen |
| **rezervasyon yaptırmak** | reservieren |
| **sevmek** | mögen, lieben |
| **seyahat etmek** | reisen |
| **seyahata çıkmak** | verreisen |
| **seyretmek** | (an)schauen |

| | |
|---|---|
| tanışmak | (sich) kennenlernen |
| tanıştırmak | bekannt machen |
| taşınmak | umziehen |
| telefon etmek | anrufen |
| tutmak | hier: betragen |
| uçmak | fliegen |
| unutmak | vergessen |
| vermek | geben |
| yağmak | (in Verbindung mit dem jeweiligen Wetterelement) regnen, schneien, hageln etc. |
| yapmak | machen |
| yazdırmak | drucken |
| yemek | essen |
| yer ayırtmak | reservieren |
| yüklemek | aufladen; downloaden |
| yürümek | spazieren gehen, zu Fuß gehen |
| yüzmek | schwimmen |

## ABC GUTEN TAG & AUF WIEDERSEHEN

| | |
|---|---|
| Merhaba! | Hallo! |
| Günaydın | Guten Morgen! |
| İyi günler! | Guten Tag! |
| İyi akşamlar! | Guten Abend! |
| İyi geceler! | Gute Nacht! |
| Hoşça kal! (Sg.)/kalın! (Pl.) | Mach's gut/macht's gut! |
| Allahaısmarladık! | Auf Wiedersehen! |
| Güle güle! | (Antwort auf den Abschiedsgruß) |

| | |
|---|---|
| Hoş geldin! (Sg.)/geldiniz (Pl.)! | Herzlich Willkommen! |
| Hoş bulduk! | (Antwort auf Hoş geldin!/Hoş geldiniz) |
| Memnun oldum! | Sehr erfreut! |
| ben | ich |
| bu (Sg.)/bunlar (Pl.) | das, diese/-r/-s |
| o (Sg.)/onlar (Pl.) | er, sie, es; jene/-r/-s |
| de | auch |
| insan | Mensch |
| çocuk | Kind |
| kedi | Katze |
| köpek | Hund |
| inek | Kuh |
| ekmek | Brot |
| patlıcan | Aubergine |

## ABC SICH VORSTELLEN

| | |
|---|---|
| ben | ich |
| sen | du |
| o | er/sie/es |
| biz | wir |
| siz | ihr/Sie |
| onlar | sie |
| benim | mein |
| senin | dein |
| Benim adım ... | Mein Name ist ... |
| Nasılsın? (Sg.)/ Nasılsınız? (Pl.) | Wie geht es Dir?/ Ihnen? |
| İyiyim | Es geht mir gut |

# Wortverzeichnis

| Teşekkür ederim/ Teşekkürler | Danke |
|---|---|
| ne? (Sg.)/ neler? (Pl.) | was? |
| kim? (Sg.)/ kimler? (Pl.) | wer? |
| nerede? | wo? |
| nereden? | woher? |
| nereye? | wohin? |
| Almanya | Deutschland |
| İngiltere | England |
| gelmek | kommen |
| diş fırçası | Zahnbürste |
| elma | Apfel |
| kitap | Buch |
| doktor | Arzt/Ärztin |
| şoför | Chauffeur/in |

 **WIE GEHT'S? DAS BEFINDEN AUSDRÜCKEN**

| az | wenig |
|---|---|
| bir | ein |
| biraz | ein wenig |
| çok | sehr, viel |
| çünkü | weil, denn |
| ve | und |
| iyi | gut |
| kötü | schlecht |
| fena değil | nicht schlecht |
| şöyle böyle | so lala |
| mutlu | glücklich |
| neşeli | fröhlich |
| eğlenceli | lustig |
| üzgün | traurig |

| yorgun | müde |
|---|---|
| hasta | krank |
| endişeli | besorgt |
| heyecanlı | aufgeregt |
| zor | schwer |
| sınav | Test, Klausur |
| Geçmiş olsun! | Gute Besserung! |

 **MENSCHEN & GEGENSTÄNDE BESCHREIBEN**

| araba | Auto |
|---|---|
| çiçek | Blume |
| ev | Haus |
| fare | Maus |
| fil | Elefant |
| kaset | Kassette |
| bebek | Baby |
| kadın | Frau |
| adam | Mann |
| büyük | groß |
| küçük | klein |
| genç | alt |
| yaşlı | jung |
| yeni | neu |
| eski | alt |
| bozuk | kaputt |
| güzel | schön |
| çirkin | hässlich |
| uzun | lang |
| kısa | kurz |
| kapalı | geschlossen |
| açık | offen |
| hasta | krank |
| evli | verheiratet |
| mutlu | glücklich |

| | |
|---|---|
| mutsuz | *unglücklich* |
| evet | *ja* |
| hayır | *nein* |
| değil | *nicht* |

ABC **NATIONALITÄTEN, HERKUNFT & SPRACHE**

| | |
|---|---|
| Almanya | *Deutschland* |
| Alman | *Deutsche/r* |
| Almanca | *Deutsch* |
| Amerika | *Amerika* |
| Amerikalı | *Amerikaner/in* |
| Avusturya | *Österreich* |
| Avusturyalı | *Österreicher/in* |
| Çin | *China* |
| Çince | *Chinesisch* |
| Çinli | *Chienese/Chinesin* |
| Fransa | *Frankreich* |
| Fransız | *Franzose/Französin* |
| Fransızca | *Französisch* |
| İngiltere | *England* |
| İngiliz | *Engländer/in* |
| İngilizce | *Englisch* |
| İspanya | *Spanien* |
| İspanyol | *Spanier/in* |
| İspanyolca | *Spanisch* |
| İsviçre | *Schweiz* |
| İsviçreli | *Schweizer/in* |
| İtalya | *Italien* |
| İtalyan | *Italiener/in* |
| İtalyanca | *Italienisch* |
| Türkiye | *Türkei* |
| Türk | *Türke/Türkin* |
| Türkçe | *Türkisch* |
| dil | *Sprache* |
| insan | *Mensch* |
| konuşmak | *sprechen* |

| | |
|---|---|
| bilmek | *hier: können* |
| dil bilmek | *eine (Fremd)spra-che sprechen* |

ABC **TÄTIGKEITEN IM ALLTAG**

| | |
|---|---|
| okul | *Schule* |
| ödev | *Hausaufgabe* |
| kurs | *Kurs* |
| ofis | *Büro* |
| cafe | *Café* |
| çay | *Tee* |
| kahve | *Kaffee* |
| restoran | *Restaurant* |
| lokanta | *kleines Restaurant* |
| içmek | *trinken* |
| yemek | *Essen (die Speise)* |
| yemek | *essen* |
| yemek yemek | *(wörtl.: Essen essen, der „Vorgang" des Essens)* |
| market | *kleiner Supermarkt* |
| otobüs | *Bus* |
| buluşmak | *treffen* |
| çalışmak | *arbeiten* |
| istemek | *möchten, wollen* |
| öğrenmek | *lernen* |
| pişirmek | *kochen* |
| seyretmek | *anschauen* |
| yapmak | *machen* |
| yürümek | *gehen* |
| akşam | *Abend* |
| televizyon | *Fernseher* |

**2**

WORTVERZEICHNIS

# Wortverzeichnis

## ABC IN DER FREIZEIT

| | |
|---|---|
| boş | leer |
| vakit | Zeit |
| boş vakit | Freizeit |
| spor | Sport |
| dinlemek | hören |
| koşmak | laufen, joggen |
| okumak | lesen |
| oynamak | spielen |
| yürümek | spazieren gehen |
| yüzmek | schwimmen |
| müzik | Musik |
| müzik dinlemek | Musik hören |
| futbol | Fußball |
| tenis | Tennis |
| futbol, tenis, ... oynamak | Fußball, Tennis, ... spielen |
| kayak | Ski |
| kayak yapmak | Ski fahren |
| tavla | Backgammon |
| hafta sonu | Wochenende |
| çay bahçesi | Teegarten |
| nargile | Wasserpfeife |
| anlamak | verstehen |
| bilmek | wissen |
| buyurmak | bitten |
| oturmak | sich setzen |
| tanıştırmak | bekannt machen |
| Efendim? | Wie bitte? |
| Teşekkürler! | Danke! |
| Teşekkür ederim! | Danke! |
| Bir şey değil | Gern geschehen! |
| Hollanda | Niederlande |
| Hollandalı | Niederländer/in |

## ABC BERUFE

| | |
|---|---|
| iş | Arbeit, Beruf |
| aşçı | Koch/Köchin |
| avukat | Rechtsanwalt/ Rechtsanwältin |
| çiçekçi | Blumenhändler/in |
| eczacı | Apotheker/in |
| mühendis | Ingenieur/in |
| öğretmen | Lehrer/in |
| postacı | Postbote/Postbotin |
| sekreter | Sekretär/in |
| tezgâhtar | Verkäufer/in |
| kartvizit | Visitenkarte |
| olarak | als |

## ABC AUF DEM MARKT

| | |
|---|---|
| sıfır | Null |
| bir | Eins |
| iki | Zwei |
| üç | Drei |
| dört | Vier |
| beş | Fünf |
| altı | Sechs |
| yedi | Sieben |
| sekiz | Acht |
| dokuz | Neun |
| on | Zehn |
| yirmi | Zwanzig |
| otuz | Dreißig |
| kırk | Vierzig |
| elli | Fünfzig |
| altmış | Sechzig |
| yetmiş | Siebzig |
| seksen | Achtzig |
| doksan | Neunzig |
| yüz | Hundert |

| | |
|---|---|
| bin | *Tausend* |
| million | *Milliion* |
| havuç | *Karotte* |
| yumurta | *Ei* |
| soğan | *Zwiebel* |
| domates | *Tomate* |
| yeşil biber | *grüne Paprika* |
| armut | *Birne* |
| var | *es hat* |
| yok | *es hat nicht* |
| potakal | *Apfelsine* |
| nar | *Granatapfel* |
| prasa | *Lauch* |
| lahana | *Kohl* |
| çilek | *Erdbeere* |

## ABC EINKAUFEN & BEZAHLEN

| | |
|---|---|
| su | *Wasser* |
| ekmek | *Brot* |
| taze | *frisch* |
| bayat | *alt (bei Essen)* |
| üzüm | *Trauben* |
| lira | *Türkische Lira* |
| para | *Geld* |
| mangır | *Kohle (ugspr.)* |
| kâğıt para | *Scheine* |
| bozuk para | *Münzen* |
| Euro kartı | *EC-Karte* |
| kredi kartı | *Kreditkarte* |
| kaç para?/ kaça?/ne kadar? | *wie viel?* |
| nakit | *bar* |
| tutmak | *hier: betragen* |
| ödemek | *bezahlen* |
| nakit ödemek | *bar bezahlen* |

| | |
|---|---|
| almak | *hier: nehmen, akzeptieren* |
| indirim | *Rabatt* |
| her | *jede/r/s* |
| hiç | *kein(e)/r/s* |
| sabah | *Morgen* |
| öğlen | *Mittag* |
| akşam | *Abends* |
| gece | *Nacht* |
| hafta sonu | *Wochenende* |
| genellikle | *allgemein* |
| sık sık | *oft* |
| şimdi | *jetzt* |
| şu anda | *in diesem Moment* |
| mektup | *Brief* |
| yazmak | *schreiben* |
| disko | *Diskothek* |

## ABC SPEISEN & GETRÄNKE

| | |
|---|---|
| et | *Fleisch* |
| sevmek | *mögen, lieben* |
| imam | *Imam* |
| bayılmak | *in Ohnmacht fallen* |
| kadın | *Frau* |
| but | *Schenkel* |
| köfte | *Fleischbällchen* |
| hanım | *Dame* |
| göbek | *Bauchnabel* |
| kız | *Mädchen* |
| meme | *Brust* |
| acı | *Schärfe* |
| acılı | *scharf* |
| tuz | *Salz* |
| tuzlu | *salzig* |
| şeker | *Zucker* |
| şekerli | *gezuckert* |
| köpük | *Schaum* |

**2**

| köpüklü | schaumig |
|---|---|
| yağ | Fett |
| yağlı | fettig |
| lezzet | Geschmack |
| lezzetli | lecker |
| el | Hand |
| sağlık | Gesundheit |

### ABC IM RESTAURANT

| çay evi, çayhane | Teegarten |
|---|---|
| kahve(hane) | Kaffeehaus |
| kafe / cafe(bar) | Café |
| ad | Name |
| reservasyon | Reservierung |
| kişi | Person |
| dışarda | draußen |
| oturmak | sitzen |
| garson | Kellner/in |
| menü | Speisekarte |
| almak | hier: bekommen |
| vermek | geben |
| şarab | Wein |
| kırmızı şarab | Rotwein |
| çorba | Suppe |
| meze | Vorspeise |
| baş yemek | Hauptgang |
| kahve | Kaffee |
| tatlı | Dessert |
| balık | Fisch |
| hesap | Rechnung |
| usül | Art |
| fazla | zu viel |
| tatsız | fad |
| soğuk | kalt |
| ağır | schwer |
| çıkmak | herauskommen |
| kıl | Haar |

### ABC IM KAUFHAUS

| alışveriş | Einkauf |
|---|---|
| alışveriş mer-kezi | Einkaufszentrum |
| alışveriş etmek | einkaufen |
| merkez | Zentrum |
| elbise | Kleid |
| etek | Rock |
| pantolon | Hose |
| bluz | Bluse |
| ayakkabı | Schuhe |
| çizme | Stiefel |
| çanta | Tasche |
| şık | schick |
| eski moda | altmodisch |
| ucuz | billig |
| pahalı | teuer |
| bol | weit |
| dar | eng |
| rahat | bequem |
| pratik | praktisch |
| lâzım | erforderlich, nötig |
| aramak | suchen |
| beden | Größe |
| hoş | Gefallen |
| hoşuma gidiyor | es gefällt mir |
| denemek | anprobieren |
| prova odası | Umkleidekabine |
| kış | Winter |
| yardımcı | behilflich |
| maalesef | leider |
| yazık | schade |
| yinede | trotzdem |
| Buyurun ... | Bitteschön ... |
| hayret | Was für ein Wunder; wie seltsam |
| şans | Glück |

**2**

WORTVERZEICHNIS

| | | | |
|---|---|---|---|
| Ne şanş! | *So ein Glück!* | giriş katı | *Erdgeschoss* |
| tam | *genau* | birinci, ikinci, ... kat | *1., 2., ... Stock* |
| kullanmak | *benutzen* | çatı katı | *Dachgeschoss* |
| | | bodrum | *Keller* |

**2**

**WORTVERZEICHNIS**

**ABC FAMILIE & VERWANDTE**

| | | | |
|---|---|---|---|
| aile | *Familie* | garaj | *Garage* |
| akraba | *Verwandte* | bahçe | *Garten* |
| anne baba | *Eltern* | teras | *Terrasse* |
| anne | *Mutter* | balkon | *Balkon* |
| baba | *Vater* | merdiven | *Treppe* |
| anneanne | *Großmutter (mütterlicherseits)* | merdiven evi | *Treppenhaus* |
| | | hol | *Flur* |
| babaanne | *Großmutter (väterlicherseits)* | oda | *Zimmer* |
| | | oturma odası | *Wohnzimmer* |
| dede | *Großvater* | yemek odası | *Esszimmer* |
| hala | *Tante (mütterlicherseits)* | yatak odası | *Schlafzimmer* |
| | | çocuk odası | *Kinderzimmer* |
| teyze | *Tante (väterlicherseits)* | misafir odası | *Gästezimmer* |
| | | çalışma odası | *Arbeitszimmer* |
| amca | *Onkel (väterlicherseits)* | mutfak | *Küche* |
| | | banyo | *Bad* |
| dayı | *Onkel (mütterlicherseits)* | tuvalet | *WC* |
| | | yer | *Fußboden* |
| kız kardeş | *jüngere Schwester* | duvar | *Wand* |
| abla | *ältere Schwester* | tavan | *Decke* |
| erkek kardeş | *jüngerer Bruder* | kapı | *Tür* |
| ağabey/abi | *älterer Bruder* | tokmak | *Griff* |
| kuzen | *Cousin/e* | kapı tokmağı | *Türgriff* |
| yeğen | *Nichte/Neffe* | pencere | *Fenster* |
| büyükler | *Die Älteren* | halı | *Teppich* |
| | | parke | *Parkett* |
| | | perde | *Vorhang* |

**ABC WOHNEN**

| | | | |
|---|---|---|---|
| | | jaluzi | *Jalousie* |
| | | duvar kâğıdı | *Tapete* |
| ev | *Haus* | resim | *Bild* |
| daire/apartman dairesi | *Wohnung* | lamba | *Lampe* |
| | | kalorifer | *Heizung* |
| kat | *Stockwerk* | ayakkabı dolabı | *Schuhschrank* |

# Wortverzeichnis

| koltuk | Sessel |
|--------|--------|
| sedir | Sofa |
| masa | Tisch |
| yemek masası | Esstisch |
| sandalye | Stuhl |
| kitap rafı | Bücherregal |
| vitrin | Vitrine |
| stereo sistemi | Stereoanlage |
| yatak | Bett |
| elbise dolabı | Kleiderschrank |
| mutfak dolabı | Küchenschrank |
| terlik | Hauspantoffeln |

## ABC IM BÜRO

| iş | Arbeit |
|----|--------|
| ofis | Büro |
| şirket | Firma |
| kantin | Kantine |
| şehir | Stadt |
| şehir merkezi | Stadtzentrum |
| bina | Gebäude |
| boy | Größe, Länge |
| patron/şef | Chef |
| sekreter | Sekretärin |
| avukat | Rechtsanwalt/ Rechtsanwältin |
| müşteri | Kunde/Kundin |
| çalışmak | arbeiten |
| başarılı | erfolgreich |
| keyif | Laune |
| farklı | unterschiedlich |
| nazik | höflich |
| titiz | anspruchsvoll |
| yoğun | anstrengend |
| yuva | Hort |
| klasör | Aktenordner |
| dosya | Mappe |

| dolma kalem | Füller |
|-------------|--------|
| ajanda | Terminplaner |
| fotokopi maki-nesi | Fotokopierer |
| fotokopi çek-mek | fotokopieren |
| yarın | morgen |
| erken | früh |
| geç | spät |
| kaptamak | zumachen |
| getirmek | bringen |

## ABC AM TELEFON

| telefon | Telefon |
|---------|---------|
| cep telefonu | Handy |
| telefon konuşması | Telefonat |
| telefon etmek | telefonieren |
| Efendim? | Bitteschön? |
| Alo | Hallo |
| Buyurun | Bitte |
| Ben ... | hier: hier spricht |
| haber | Nachricht |
| not | Notiz |
| bırakmak | (hinter)lassen |
| not bırakmak | Nachricht |
| not etmek | notieren |
| numara | Nummer |
| dakika | Minute |
| bir dakika | einen Moment |
| hanım | Frau |
| bey | Herr |
| bir, iki, ... haftadır⁺ | seit 1, 2, ... Wochen |
| görüşmek | sich treffen; sich sprechen |
| kalmak | bleiben |

| | |
|---|---|
| de | *auch* |
| şey | *Ding* |
| dinlenmek | *sich ausruhen* |
| eğlenmek | *sich amüsieren* |
| bar | *Bar* |
| tanışmak | *(sich) kennenlernen* |
| yakışıklı | *gutaussehend* |
| sempatik | *sympathisch* |
| beraber | *zusammen* |
| geçirmek | *verbringen* |
| ayrılmak | *(sich) trennen* |
| aşik | *verliebt* |
| galiba | *vermutlich* |
| sorma! | *Frag nicht!* |
| zaten | *sowieso* |
| bütün | *ganz* |
| hasta raporu | *Krankmeldung* |
| tahmin | *Vermutung* |
| tahmin etmek | *vermuten* |
| pek | *besonders* |
| şişman | *dick* |
| komik | *komisch* |
| atletik | *athletisch* |

**ABC COMPUTER & INTERNET**

| | |
|---|---|
| akü | *Akku* |
| bilgisayar | *Computer* |
| dizüstü bilgisa-yar/laptop | *Laptop* |
| ekran | *Monitor* |
| fare | *Maus* |
| kablo | *Kabel* |
| klavye | *Tastatur* |
| mobil modem cihazı | *Surfstick* |
| modem | *Modem* |
| scanner | *Scanner* |

| | |
|---|---|
| USB cihazı | *USB-Stick* |
| yazıcı | *Drucker* |
| email | *E-Mail* |
| email çekmek | *eine E-Mail schreiben* |
| internet bağlantısı | *Internetverbindung* |
| internet cafesi | *Internetcafé* |
| internete girmek | *ins Internet gehen* |
| hız | *Geschwindigkeit* |
| hızlı | *schnell* |
| yavaş | *langsam* |
| yüksek | *hoch* |
| istemek | *möchten, wollen* |
| kontör | *Einheit für Gesprächsgut-haben in der Türkei* |
| açmak | *öffnen* |
| kapatmak | *schließen* |
| kaydetmek | *speichern* |
| kesmek | *hier: ausschneiden* |
| kopyalamak | *kopieren* |
| yazdırmak | *drucken* |
| yüklemek | *hier: aufladen* |
| biçim | *Format* |
| yeni klasör | *neuer Ordner* |
| aramak | *hier: anrufen* |
| bozulmak | *kaputt gehen* |
| doğum günü | *Geburtstag* |
| hediye | *Geschenk* |
| unutmak | *vergessen* |
| her tarafta | *überall* |
| kalite | *Qualität* |
| kaybetmek | *verlieren* |
| çünkü | *weil* |
| geçen | *vergangene* |

**2**

# Wortverzeichnis

| tamamen | völlig |
|---|---|
| taraf | Gegend, Richtung, Seite |

**ABC DATUM**

| ne zaman? | wann? |
|---|---|
| kadar | bis |
| itibaren | ab |
| beri | seit |
| pazartesi | Montag |
| salı | Dienstag |
| çarşamba | Mittwoch |
| perşembe | Donnerstag |
| cuma | Freitag |
| cumartesi | Samstag |
| pazar | Sonntag |
| ay | Monat |
| ocak | Januar |
| şubat | Februar |
| mart | März |
| nisan | April |
| mayıs | Mai |
| haziran | Juni |
| temmuz | Juli |
| ağustos | August |
| eylül | September |
| ekim | Oktober |
| kasım | November |
| aralık | Dezember |
| sene/yıl | Jahr |

**ABC UHRZEIT**

| Saat kaç? | Wie viel Uhr ist es? |
|---|---|
| Saat kaçta? | Um wie viel Uhr? |
| buçuk | halb |
| yarım | halb, hier: 12 Uhr 20 |

| çeyrek | viertel |
|---|---|
| geçmek | vorübergehen (an) |
| ... geçiyor | es ist ... nach (... Uhr) |
| ... var | es ist ... vor (... Uhr) |
| ... geçe | um ... nach (... Uhr) |
| ... kala | um ... vor (... Uhr) |
| ... doğru | gegen ... (Uhr) |
| bu saatlerde | um diese Uhrzeit |
| saatte bir | einmal in der Stunde, stündlich |
| yarım saatlik | halbstündig |
| sabahleyin | morgens |
| öğlenleyin | mittags |
| akşamleyin | abends |
| geceleyin | nachts |

**ABC JAHRESZEITEN, FEIERTAGE & WETTER**

| mevsim | Jahreszeit |
|---|---|
| ilkbahar | Frühling |
| yaz | Sommer |
| sonbahar | Herbst |
| kış | Winter |
| hava | Wetter |
| hava sıcaklığı | Temperatur |
| hava soğuk/sıcak | es ist kalt/warm |
| berbat bir hava | ein scheußliches Wetter |
| hava kapıyor | es zieht zu |
| hava açıyor | es klart auf |
| güneş | Sonne |
| hava güneşli | es ist sonnig |
| yağmur | Regen |
| yağmur yağıyor | es regnet |
| kar | Schnee |
| kar yağıyor | es schneit |

**2 WORTVERZEICHNIS**

| | |
|---|---|
| dolu | Hagel |
| dolu yağıyor | es hagelt |
| rüzgâr | Wind |
| hava rüzgârlı | es ist windig |
| bulut | Wolke |
| hava bulutlu | es ist wolkig |
| fırtına | Sturm, Gewitter |
| *hava fırtınalı* | es stürmt/gewittert |
| şimşek | Blitz |
| şimşek çakıyor | es blitzt |
| gök gürlemesi | Donner |
| gök gürlüyor | es donnert |
| sis | Nebel |
| hava sisli | es ist neblig |
| bayram | Fest |
| bayram günü | Feiertag |
| Hayırlı bayram-lar! | Frohes Fest! |
| Mutlu yıllar! | Gutes neues Jahr! |
| daha | noch |

ABC **UNTERWEGS IN DER STADT**

| | |
|---|---|
| ile | mit |
| araba | Wagen |
| bisiklet | Fahrrad |
| dolmuş | Sammeltaxi |
| metro | Metro |
| motosiklet | Motorrad |
| otobüs | Bus |
| taksi | Taxi |
| tramvay | Straßenbahn |
| vapur | Fähre |
| durak | Haltestelle |
| istasyon | Station |
| binmek | einsteigen |
| inmek | aussteigen |

| | |
|---|---|
| İnecek var! | Jemand möchte aussteigen! |
| bilet | Fahrschein, Ticket |
| değiştirmek | ändern, umbuchen |
| öğrenci | Schüler/in, Stu-dent/in |
| yaşlı | Senior/in |
| indirim | Ermäßigung |
| Affedersiniz | Entschuldigen Sie bitte |
| yer | Platz |
| boş | leer |
| üst | Oberes |
| alt | Unteres |
| ön | Vorderes |
| arka | Hinteres |
| sağ | rechts |
| sol | links |
| yan | Neben |
| ara | Zwischen |
| karşı | Gegenüber |
| postane | Post |
| müze | Museum |
| banka | Bank |
| cami | Moschee |
| büfe | Schnellimbiss; Kiosk |
| enformasyon | Information |

ABC **AUF REISEN**

| | |
|---|---|
| seyahat | Reise |
| seyahata çıkmak | verreisen |
| seyahat etmek | reisen |
| havalimanı | Flughafen |
| uçuş bilgileri | Flugauskunft |
| uçak seferi | Flug |

# Wortverzeichnis

| | |
|---|---|
| dış hatlar | Abflug international |
| iç hatlar | Abflug national |
| çıkış kapısı | Ausgang, Gate |
| bütün kapılar | alle Gates |
| gişe | Schalter |
| bilet gişesi | Ticketschalter |
| bagaj | Gepäck |
| el bagajı | Handgepäck |
| gecikmeli | verspätet |
| zamanında | pünktlich |
| inmek | landen |
| kalkmak | starten |
| iptal etmek | streichen |
| ayırmak | buchen |
| pencere kenarı | am Fenster |
| koridorda | am Gang |

**ABC IM URLAUB**

| | |
|---|---|
| seyahat acentesi | Reisebüro |
| tatil | Urlaub |
| tatile gitmek | in den Urlaub fahren |
| gezmek | reisen |
| rezervasyon yaptırmak/ | eine Reservierung vornehmen |
| yer ayırtmak | lassen |
| değişik yerler | andere Orte |
| görülmeye değer şeyler | Sehenswürdigkeiten |
| tur | Tour, Rundfahrt |
| günübirlik | eintägig |
| ayırmak | buchen |
| ayırtmak | buchen lassen |
| kalmak | bleiben |
| otel | Hotel |

| | |
|---|---|
| tek/iki kişilik oda | Einzel-/Doppelzimmer |
| kahvaltılı | mit Frühstück |
| yarım pansiyon | Halbpension |
| tam pansiyon | Vollpension |
| deniz manzaralı | mit Meerblick |
| kiralamak | mieten |
| kiralık araba | Mietwagen |
| röportaj | Reportage |
| enteresan | interessant |
| hiç | gar kein |
| doğru | richtig |
| ya | hier: ja |
| o zaman | dann |
| hem ... hem | sowohl ... als auch |
| bir an önce | so schnell wie möglich |
| oda anahtarı | Zimmerschlüssel |
| kahvaltı büfesi | Frühstücksbüffet |
| plaj | Strand |
| yüzme havuzu | Schwimmingpool |
| resepsiyon | Rezeption |